la dieta dei cereali

la dieta dei cereali

Lisa Hark • Darwin Deen

tecniche nuove

EDIZIONE ORIGINALE
The wholegrain diet miracle

EDIZIONE ITALIANA
Traduzione dall'inglese di Caterina Ogliari
Revisione scientifica di Angela Colli
Redazione a cura di Rubber Band - Torino
Impaginazione di Rubber Band - Torino

Redazione: tel. 0239090257, fax 0239090255
e-mail: libri@tecnichenuove.com
Vendite: tel. 0239090319 - 0239090252, fax 0239090373
e-mail: vendite-libri@tecnichenuove.com
http://www.tecnichenuove.com

ISBN: 978 88 481 2112 5

Stampa: Tien Wah Press, Singapore
Finito di stampare nel mese di gennaio 2008
Printed in Singapore

A DORLING KINDERSLEY BOOK
www.dk.com

sommario

introduzione

introduzione

Finalmente è possibile prescrivere una dieta dimagrante in grado di apportare all'organismo innumerevoli benefici, tutti scientificamente dimostrati. Consumare più cereali integrali nella loro forma naturale aiuta infatti non solo a controllare il peso, ma anche a ridurre il rischio di cardiopatie, diabete, ictus e tumore al colon, oltre a far abbassare la pressione sanguigna e il colesterolo. La ricerca scientifica ha provato che il consumo di cereali integrali è correlato a un miglioramento generale delle condizioni di salute dell'organismo e a livelli di mortalità ridotti. Provare per credere!

Che cosa sono i cereali integrali?

I cereali integrali non sono altro che i cereali nella forma in cui si presentano in natura. Un chicco di cereale integrale è il seme completo della pianta, scomponibile nelle sue parti costituenti: crusca, endosperma e germe. La crusca, ovvero il rivestimento esterno composto da più strati, è la parte del chicco più ricca di fibre, oltre a essere un'ottima fonte di vitamine del gruppo B, minerali, antiossidanti e fitochimici. L'endosperma, o strato intermedio, è la porzione più estesa del chicco e fornisce proteine, carboidrati e alcuni tipi di vitamine. Infine il germe, la parte più interna del seme, è una vera e propria miniera di vitamine, oligoelementi, grassi insaturi, fitochimici e antiossidanti, diversi da quelli disponibili nella frutta e nella verdura in quanto presenti esclusivamente nei cereali integrali.

Quali sono le funzioni delle vitamine e dei minerali presenti nei cereali integrali?

- **Tiamina** (vitamina B_1): aiuta a trasformare il cibo in energia e a garantire il corretto funzionamento del cuore, del sistema nervoso e dell'apparato digerente.
- **Riboflavina** (vitamina B_2): indispensabile nel processo di rilascio dell'energia dai carboidrati, favorisce la digestione dei grassi e protegge il sistema nervoso.
- **Niacina** (vitamina B_3): interviene nel processo di liberazione dell'energia dal cibo e può offrire un valido aiuto nel ridurre i livelli di colesterolo nel sangue.
- **Acido folico**: vitamina del gruppo B, essenziale per la produzione di globuli rossi e per la prevenzione di malformazioni neonatali. Sembra sia in grado di ridurre il rischio di malattie cardiovascolari.
- **Ferro**: minerale fondamentale per l'organismo e componente dell'emoglobina, che trasporta ossigeno alle cellule di tutto il corpo.
- **Fosforo**: dopo il calcio, è il minerale più importante per la robustezza di ossa e denti. Svolge un ruolo fondamentale anche nel processo di produzione di energia dal cibo.

- **Calcio**: minerale essenziale per avere ossa e denti forti. Interviene anche nei processi di contrazione muscolare e di normale coagulazione del sangue.
- **Rame**: minerale chiave per lo sviluppo di ossa, denti e cuore, ha azione antiossidante proteggendo le cellule dai danni chimici. Interviene anche nella produzione di globuli rossi.
- **Magnesio**: minerale che favorisce il rilassamento muscolare, è essenziale anche per garantire il corretto funzionamento del sistema nervoso e cardiovascolare.
- **Manganese**: oligoelemento necessario per il metabolismo di carboidrati, proteine e grassi. Si ritiene favorisca anche la regolazione della glicemia.
- **Selenio**: minerale antiossidante che protegge le cellule dai danni provocati dai radicali liberi prevenendo svariate malattie, tra cui le cardiopatie. Aiuta a rinforzare il sistema immunitario e si ritiene possieda proprietà antitumorali.

> Un chicco di cereale integrale è il seme completo della pianta, scomponibile in crusca, endosperma e germe.

Quali sono i benefici di antiossidanti e fitochimici?

Gli antiossidanti sono sostanze, naturalmente presenti nei cibi, che aiutano a neutralizzare gli effetti dannosi dei radicali liberi, ossia dei prodotti di scarto dei processi metabolici. Se l'apporto di antiossidanti all'organismo è insufficiente, può aumentare il rischio di cardiopatie e forme tumorali. Le principali fonti di antiossidanti sono le vitamine A, C ed E e minerali quali rame, selenio e zinco. I cereali integrali contengono un'ampia varietà di antiossidanti unici e preziosi.

I fitochimici sono sostanze naturali che le piante producono per difendersi da virus e batteri; si ritiene abbiano un'azione benefica anche sul sistema immunitario umano, contro cardiopatie, cancro e diabete. Il modo migliore per introdurre composti fitochimici nella propria dieta consiste nel consumare alimenti non raffinati, quali cereali integrali, legumi, frutta e verdura. La crusca e il germe dei cereali integrali sono particolarmente ricchi di fitochimici.

Come avviene la raffinazione dei cereali?

I cereali che, durante la macinatura, sono stati privati di crusca e germe conservano soltanto l'endosperma e si dicono "raffinati". Oltre a rendere la farina estremamente povera di fibre, la raffinazione ne riduce del 25% il contenuto di proteine e rimuove dai chicchi 17 dei nutrienti più importanti e la maggior parte dei fitochimici e degli antiossidanti: il risultato è un alimento povero di sostanze benefiche e poco salutare, che molti produttori favoriscono unicamente perché si conserva più a lungo. Spesso i cereali

raffinati sono arricchiti, in seguito, di altri nutrienti, ma questa pratica non compensa affatto la grande perdita di vitamine, minerali e fibre causata dalla raffinazione. Va completamente perduta, infatti, la sinergia benefica esistente tra i componenti dei cereali integrali che potenzia notevolmente l'azione dei preziosi nutrienti.

Perché i cereali integrali sono tanto preziosi per la nostra salute?

I cereali integrali sono ricchi di fibre, vitamine, minerali, antiossidanti e fitochimici. Oltre 80 studi scientifici dimostrano che un maggior consumo di cereali integrali può aiutare a controllare il peso e ridurre il rischio di cardiopatie, ictus, diabete e tumore: benefici probabilmente imputabili a una riduzione di pressione sanguigna, livelli di colesterolo e insulinoresistenza. Inoltre il senso di sazietà prolungato che i cereali integrali donano aiuta a contenere i picchi glicemici responsabili degli attacchi di fame improvvisa. Molti degli studi che sostengono queste affermazioni sono descritti nella sezione Benefici per la salute (*vedi pp. 10-27*).

Le ricette proposte in questo libro aiutano ad assumere cereali integrali nelle dosi raccomandate.

Quanti cereali integrali occorre consumare per ottenere benefici?

I livelli di assunzione raccomandati di energia e nutrienti per la popolazione italiana (L.A.R.N.) prevedono un apporto complessivo di fibra pari a 30 grammi al giorno (circa una fetta di pane integrale). La maggior parte di noi, quando non esclude questi alimenti del tutto, non raggiunge nemmeno una porzione al giorno. Le ricette, i piani dietetici e gli stuzzicanti menu proposti in questo libro, però, aiutano ad assumere cereali integrali nelle dosi raccomandate, insieme a suggerimenti su come seguire la dieta e fare cambiamenti graduali nella propria alimentazione (*vedi pp. 66-67*).

Come si fa a distinguere tra cereali integrali e fibre?

Entrambi preziosi per la nostra salute, fibre e cereali integrali non sono esattamente la stessa cosa. È importante sottolineare che un cibo non è necessariamente un'ottima fonte di cereali integrali per il solo fatto di presentare un elevato contenuto di fibre: lo testimonia il fatto che i prodotti a base di cereali integrali presentano un contenuto di fibre estremamente variabile.

I fiocchi di frumento integrale, per esempio, hanno un contenuto di fibre inferiore rispetto ad alcuni tipi di cereali per la prima colazione, appositamente arricchiti con un quantitativo di crusca di frumento superiore rispetto a quello naturalmente presente nei cereali integrali.

Che differenza c'è tra fibre solubili e fibre insolubili?

I cereali integrali sono ricchi di fibre solubili e insolubili, entrambe importanti per il corretto funzionamento del sistema digerente. Le fibre solubili, presenti nell'avena, nell'orzo e nella segale, oltre che nei legumi e negli agrumi, rallentano la scomposizione e l'assorbimento degli zuccheri contenendo in tal modo la glicemia nel sangue. Ciò potrebbe spiegare perché le persone che consumano regolarmente cereali integrali presentano un rischio inferiore di sviluppare il diabete di tipo 2. Nel corso del processo digestivo le fibre solubili aumentano di viscosità formando una sostanza gelatinosa che assorbe gli acidi biliari necessari all'assorbimento del colesterolo: se consumato in quantità sufficiente, questo tipo di fibre può aiutare ad abbassare la colesterolemia e, quindi, ridurre il rischio di sviluppare cardiopatie.

Le fibre insolubili, invece, presenti nel frumento integrale, nel riso integrale e nelle verdure a foglia, non si dissolvono facilmente in acqua né vengono digerite o assorbite dall'organismo: pertanto rappresentano un valido aiuto nel mantenere pulito il tratto gastrointestinale e nel promuovere la motilità intestinale. Pertanto, consumare più fibre insolubili può proteggere dal tumore al colon e aiutare a prevenire altri disturbi gastrointestinali (*vedi pp. 24-25*).

Posso consumare cereali integrali anche se sono intollerante al glutine?

In presenza di una diagnosi di celiachia o di una prescrizione medica che prevede l'eliminazione del glutine dal proprio regime alimentare, i cereali da evitare comprendono tutti i tipi di frumento (grano spezzato, bulgur, grano duro, spelta, cuscus, kamut e triticale), oltre ad avena, segale e orzo. È importante prestare molta attenzione quando si esamina l'elenco degli ingredienti sulle etichette dei prodotti: se un prodotto a base di cereali non riporta espressamente la dicitura "senza glutine" si deve infatti ipotizzare la presenza di tale sostanza. A seconda dei sintomi, potrebbe essere necessario limitare o eliminare del tutto dalla propria dieta i cereali specificati in alto, quindi è importante rivolgersi a un medico specializzato in merito alle proprie esigenze alimentari. Anche in caso di intolleranza al glutine non c'è ragione di eliminare tutti i cereali integrali: ne esistono molti tipi ricchi di nutrienti e di fibre, ma naturalmente privi di glutine, come il riso, il grano saraceno, l'amaranto, il mais e la quinoa.

Una guida completa ai cereali integrali

Questo libro fornisce consigli preziosi su come acquistare, conservare, cucinare e consumare cereali integrali. Si trattano nel dettaglio i tipi più diffusi (orzo, grano saraceno, mais, miglio, avena, riso, segale e frumento), ma anche quelli meno noti (amaranto, farro, kamut, quinoa, sorgo, spelta, teff e triticale), descrivendo per ogni cereale le proprietà specifiche e il potere nutritivo. Infine troverete un programma dietetico di quattro settimane con allettanti proposte di menu e 50 ricette per imparare a inserire i cereali integrali in uno stile di vita sano e naturale.

benefici per la salute

perché consumare cereali integrali?

alleati preziosi della nostra salute

1 I cereali integrali, a differenza di quelli raffinati, sono una fonte preziosa di fibre, vitamine, minerali, antiossidanti e fitochimici, che svolgono un'importante azione preventiva contro disturbi e malattie. Numerosi studi scientifici hanno già identificato significativi benefici derivanti dal consumo di cereali integrali, ma sono molti i vantaggi ancora da scoprire.

2 Seguire un'alimentazione a base di cereali integrali è un metodo efficace per perdere peso con risultati duraturi nel tempo. Grazie al contenuto di fibre e al ridotto indice glicemico (IG), infatti, i cereali integrali non causano picchi nel livello di zuccheri nel sangue e mantengono bassa l'insulina, con conseguente riduzione del senso di fame.

3 La ricerca dimostra che l'elevato contenuto di fibre e le proprietà antiossidanti dei cereali integrali possono ridurre del 20-40% il rischio di tumore al pancreas, allo stomaco e al colon, oltre a svolgere un'importante azione preventiva contro il cancro alla mammella, all'utero e alle ovaie.

4 Mangiare cereali integrali può ridurre il rischio di malattie cardiocircolatorie, una delle principali cause di morte nei Paesi industrializzati: un adeguato consumo quotidiano aiuta a ridurre la pressione sanguigna e il colesterolo "cattivo", aumentando al tempo stesso quello "buono", contribuendo a prevenire l'insorgenza di cardiopatie.

5 Il regolare consumo di cereali integrali può ridurre il rischio di sviluppare il diabete di tipo 2, oltre a rappresentare una parte importante della dieta consigliata ai diabetici. Le fibre presenti nei cereali integrali, infatti, migliorano o aiutano a mantenere nella norma la sensibilità all'insulina, riducendo il rischio di sviluppare intolleranza al glucosio pre-diabetica.

6 Le fibre contenute nei cereali integrali sono preziose per coloro che soffrono di disturbi gastrointestinali. Mangiare cereali ricchi di fibre può contribuire a ridurre i disturbi associati a stitichezza ed emorroidi, mentre scegliere cereali integrali privi di glutine nella dieta di soggetti celiaci può prevenire reazioni infiammatorie.

QUALCHE DATO

Nove adulti su dieci nell'Unione Europea non consumano le tre porzioni quotidiane consigliate di cereali integrali.

•

In Italia, i L.A.R.N. indicano un consumo di fibra alimentare (che comprende anche i cereali integrali) in media di 21-25 grammi/dia con variazioni regionali, stagionali e individuali.

•

Chi consuma cereali integrali tende a mangiare meno riducendo il proprio peso.

•

Una porzione di cereali integrali al giorno riduce la pressione sanguigna e il colesterolo "cattivo" a vantaggio di quello "buono".

•

È possibile ridurre il rischio di malattie quali il diabete di tipo 2 e alcuni tipi di tumore del 20-40%, consumando quotidianamente cereali integrali.

insalata di mais dolce, orzo e rucola con formaggio di capra (*vedi pp. 96-97*).

controllo del peso

Nonostante la recente popolarità conquistata dalle diete iperproteiche, i nutrizionisti sostengono che non tutti i carboidrati sono "anti-dieta": negli ultimi dieci anni, infatti, numerosi studi hanno documentato la correlazione tra il consumo di cereali integrali nella dieta di un determinato Paese e la ridotta incidenza di obesità di quella nazione. Consumare fibre e fare una buona colazione sono due buone abitudini connesse a un ridotto indice di massa corporea (IMC, o anche BMI dall'inglese Body Mass Index), che indica il rapporto tra peso, espresso in chilogrammi, e quadrato dell'altezza in metri.

Più fibre, meno fame

Chi consuma regolarmente cereali integrali tende a mangiare di meno e quindi difficilmente ingrassa. Uno studio (sulla sola popolazione femminile) è giunto alla conclusione che "le donne che consumano più cereali integrali tendono a pesare di meno rispetto a quelle che ne consumano quantità inferiori": la spiegazione è da ricercare in parte nel fatto che molti cereali integrali sono ottime fonti di fibre, le quali riducono il senso di fame, e in parte nel maggior contenuto di proteine rispetto alle farine raffinate; poiché le proteine richiedono tempi più lunghi per essere digerite, rispetto ai carboidrati da soli, non c'è la tentazione di mangiare tra un pasto e l'altro.

La ricerca ha altresì dimostrato che consumando cereali integrali a colazione si tende a mangiare di meno durante il resto della giornata. In particolare, uno studio rivela che consumare latte e cereali sia a colazione sia a cena, mantenendo il pranzo equilibrato, rappresenta un metodo per dimagrire efficace quanto consumare un pasto sostitutivo. Una statistica sulle persone dimagrite con successo dello US National Weight Control Registry riporta, inoltre, che l'80% di coloro che sono riusciti a mantenere il peso raggiunto faceva colazione. Insomma: per tutti coloro che non fanno colazione questo è il momento giusto per cominciare, mentre chi già segue questa buona abitudine dovrebbe provare ad aggiungere cereali integrali alla propria dieta.

Calorie e diete a basso regime di grassi

La densità calorica di un alimento è aumentata dal suo contenuto di grassi e ridotta da quello di fibre e acqua: i cereali integrali, essendo ricchi di fibre e poveri di grassi, sono alimenti a densità calorica ridotta. Ciò significa che è possibile consumarne quantità sufficienti a sentirsi sazi, pur non assumendo calorie in eccesso.

Molti studi hanno dimostrato che le diete a bassa densità calorica sono associate a un ridotto apporto di calorie. È stato evidenziato, inoltre, come una dieta povera di grassi risulti più efficace se è abbinata a un'alimentazione ricca di fibre: probabilmente questo è dovuto al fatto che le fibre compensano, in termini di potere saziante, la riduzione dell'apporto calorico dei cibi ingeriti che si ottiene quando si limita l'aggiunta di grassi o si evitano gli alimenti ipercalorici.

Insulina: l'ormone della fame

L'insulina è un ormone prodotto dal pancreas, che trasporta gli zuccheri dal circolo sanguigno alle cellule di tutto il corpo stimolandole a utilizzarla oppure a depositarla come sostanza di riserva (glicogeno, lipidi). Livelli elevati di insulina, pertanto, abbassano la glicemia e scatenano il senso di fame.

Poiché la secrezione di insulina viene stimolata dall'assunzione di zuccheri e carboidrati, le diete a basso regime di carboidrati sono diventate un metodo estremamente diffuso per ridurre rapidamente il peso. Evitando di introdurre carboidrati si riduce la secrezione di insulina e, di conseguenza, l'appetito. Purtroppo non si conoscono ancora gli effetti prodotti nel lungo periodo sulla nostra salute da diete a basso regime di carboidrati e ricche di proteine; si teme, infatti, che possano rivelarsi dannose, in particolare, per i reni.

> Una dieta efficace che, eseguita con regolarità, non farà riprendere i chili persi.

Una dieta a basso indice glicemico (IG) produce risultati analoghi a una dieta iperproteica, ma non presenta gli stessi rischi per la salute. I cereali integrali vantano un ridotto indice glicemico, il che significa che producono effetti limitati sulla glicemia di chi li assume: le fibre infatti riducono la quantità di zucchero che l'organismo assorbe dai carboidrati, mantenendo bassi i livelli di insulina nel sangue; come si è detto, questo si traduce in una riduzione dell'accumulo di grasso e del senso di fame tra un pasto e l'altro.

Controllo del peso a lungo termine

I cereali integrali offrono un metodo sano, naturale ed efficace per controllare il proprio peso nel lungo periodo. In uno studio ancora in corso compiuto su un gruppo di uomini non particolarmente impegnati nel tentativo di dimagrire, si è osservato come aumentando il consumo di cereali integrali si tenda comunque a perdere peso: infatti, nei soggetti coinvolti nella ricerca il consumo giornaliero di 40 grammi di cereali integrali ha portato nel lungo periodo (otto anni) alla diminuzione di un chilo del peso corporeo. Inoltre, sempre nel lungo periodo, questa dieta si è rivelata ancora più efficace perché i soggetti non riacquistano il peso perso.

IN SINTESI

Chi consuma cereali integrali tende a mangiare meno e quindi spesso pesa anche di meno.

•

Consumare cereali integrali a colazione aiuta a mangiare meno durante il resto della giornata.

•

I cereali integrali sono ricchi di fibre e hanno un ridotto indice glicemico, quindi non inducono picchi nei livelli di glicemia.

•

I cereali integrali hanno densità calorica ridotta: a pari quantità, l'apporto calorico rispetto a quelli raffinati è inferiore.

•

Una dieta a base di cereali integrali è un modo efficace per controllare il peso, in quanto garantisce risultati tanto più efficaci quanto più a lungo viene seguita.

•

Studi dimostrano che aumentando il consumo di cereali integrali si hanno maggiori probabilità di perdere peso con l'andar del tempo.

biscotti di fiocchi d'avena e uvetta (*vedi pp. 150-151*).

malattie cardiovascolari

Le malattie cardiovascolari sono la principale causa di morte (inclusa quella prematura) nell'Unione Europea, con circa 1,5 milioni di decessi ogni anno, pari al 42% dei decessi totali. Le malattie cardiovascolari costano all'UE 169 miliardi di euro l'anno in termini di spesa sanitaria e perdita di produttività lavorativa.

Parola d'ordine: prevenzione

Negli ultimi vent'anni si è gradualmente presa coscienza dell'importanza dell'alimentazione sana e dell'attività fisica regolare, che hanno contribuito alla riduzione dell'incidenza delle malattie cardiovascolari sul tasso di mortalità insieme al miglioramento delle tecniche di screening, alla diagnosi precoce e a strategie sempre più mirate per il trattamento dei fattori di rischio, quali ipertensione e colesterolo elevato. Tuttavia, le statistiche sui decessi imputabili a malattie cardiovascolari indica come la prevenzione continui a essere una priorità.

Riduzione del rischio

I fattori a noi noti che contribuiscono ad aumentare il rischio di sviluppare malattie cardiovascolari sono molti. Alcuni di essi non sono modificabili, come l'età, il sesso, la predisposizione familiare e genetica, ma è possibile ridurne gli effetti seguendo un'alimentazione appropriata e praticando attività fisica.

Adottando uno stile di vita più sano, il che significa mangiare in maniera più naturale ed equilibrata ogni giorno, controllare il proprio peso e la pressione sanguigna, restare fisicamente attivi ed evitare o smettere di fumare, è possibile ridurre il rischio di sviluppare malattie cardiovascolari.

Principali fattori di rischio delle malattie cardiovascolari

- Livelli elevati di colesterolo LDL ("cattivo")
- Colesterolemia totale elevata
- Livelli ridotti di colesterolo HDL ("buono")
- Diabete di tipo 2
- Fumo (sia attivo che passivo)
- Ipertensione (pressione arteriosa elevata)
- Predisposizione familiare (parenti deceduti prematuramente per malattie cardiovascolari)
- Età (il rischio aumenta dopo i 45 anni per gli uomini e dopo i 55 anni per le donne)
- Obesità (IMC superiore a 30)
- Sedentarietà (mancanza di attività fisica regolare)

Cereali integrali e malattie cardiovascolari

Uno studio condotto sul rapporto tra consumo di fibre e rischio di malattie cardiovascolari ha evidenziato come negli uomini il rischio di infarto vari in relazione al quantitativo di fibre consumato giornalmente. Il gruppo che ne consumava il maggior quantitativo (circa 30 grammi al giorno) presentava quasi il 50% di rischio in meno rispetto al gruppo che ne consumava solo 12 grammi al giorno. Dallo studio è inoltre emerso come la riduzione del rischio di infarto sia associabile in particolare alle fibre presenti nei cereali.

Si è scoperto che un'alimentazione ricca di avena e grano saraceno è correlata a rischi minori di ipertensione e ipercolesterolemia: per ridurre la pressione arteriosa, così come il livello totale di colesterolo e quello del colesterolo LDL ("cattivo"), aumentando al tempo stesso il colesterolo HDL ("buono"), è sufficiente consumare ogni giorno una porzione da 85 grammi di ciascuno dei due cereali. Una ricerca, che ha esaminato l'alimentazione di un gruppo di donne tra 55 e 69 anni, ha rivelato inoltre come un maggior consumo di cereali integrali riduca il rischio di malattie cardiovascolari, mentre un maggior consumo di cereali raffinati aumenti tale rischio.

> Con l'aumento del consumo di cereali integrali si riduce il rischio di malattie cardiovascolari.

Secondo uno studio che indagava i quantitativi di cereali integrali, crusca e germe necessari per ridurre il rischio di malattie cardiovascolari, più aumenta il consumo di cereali integrali più si riduce il rischio di malattie cardiovascolari e, viceversa, più si riduce il consumo di cereali integrali più aumenta tale rischio. Poiché questa correlazione è più marcata nel caso della crusca, è possibile pensare che sia questa la parte del chicco che contiene i componenti più biologicamente attivi nella lotta contro le malattie cardiovascolari.

Consigli dietetici

Gli studi citati, così come molti altri, attestano chiaramente i benefici dei cereali integrali nel ridurre il rischio di sviluppare malattie cardiovascolari, ma occorre tenere presente che è altrettanto importante ridurre i grassi saturi e il colesterolo assunti con l'alimentazione. Le principali fonti di queste sostanze dannose sono le carni grasse, il burro, i formaggi, la panna e il latte intero: sostituitele con alimenti ricchi di grassi monoinsaturi (olio d'oliva, noci, avocado) e di grassi polinsaturi (pesce, oli vegetali e semi), oppure con alimenti di origine vegetale (legumi e cereali integrali).

IN SINTESI

Adottando uno stile di vita più sano, il che significa mangiare in maniera più naturale ed equilibrata, controllare il peso e la pressione sanguigna, oltre a praticare regolarmente attività fisica, è possibile ridurre il rischio di sviluppare malattie cardiovascolari.

•

È bene sostituire i grassi saturi con i grassi monoinsaturi (presenti nell'olio di oliva e nelle noci) e polinsaturi (presenti nel pesce e negli oli vegetali).

•

Numerosi studi mostrano che più aumenta il consumo di cereali integrali più si riduce il rischio di malattie cardiovascolari.

•

Di contro, è dimostrato che più si riduce il consumo di cereali integrali (e aumenta quello di cereali raffinati) più aumenta il rischio.

stufato di vitello con miglio, carotine e timo (*vedi pp. 128-129*).

tumori

I tumori sono malattie caratterizzate dalla crescita e dalla diffusione incontrollata di cellule anomale nell'organismo. Sebbene i tassi di mortalità a essi collegati si stiano riducendo, rientrano ancora tra le prime tre cause di morte al mondo per tutte le fasce di età, fatta eccezione per quella prescolare. Esistono molti tipi di tumori diversi che possono interessare organi (come il colon o la prostata) o tessuti (come sangue o ossa). Nei Paesi industrializzati i tipi di tumore più diffusi colpiscono la mammella, la pelle, i polmoni, il colon-retto (o intestino crasso) e la prostata.

Il ruolo dei fattori ambientali

Oggi i ricercatori lavorano intensamente per scoprire le correlazioni esistenti tra alimentazione e tumori. Sfortunatamente, essendo queste malattie il risultato di un processo estremamente lungo e complesso, la scienza non è ancora giunta a determinarne le cause precise, ma i primi studi hanno identificato collegamenti tra il rischio di ammalarsi e alcuni fattori ambienti, quali l'elevato contenuto di grassi nella dieta di determinate popolazioni.

Se tutti adottassero uno stile di vita più sano si potrebbe evitare un caso di tumori su tre: uno studio suggerisce che negli Stati Uniti circa un terzo dei decessi dovuto a queste malattie è associato anche a cattive abitudini alimentari, mancanza di attività fisica e obesità; pare infatti che le persone obese presentino un rischio superiore di sviluppare un tumore e morirne. I tipi più frequentemente correlati al sovrappeso colpiscono nelle donne la mammella, l'utero, la cervice uterina e le ovaie, mentre negli uomini la prostata, lo stomaco e il colon-retto.

Una correlazione complessa

Sembra che i cereali integrali possano favorire la riduzione del rischio di sviluppare alcuni tipi di cancro, ma le ragioni di questa azione protettiva non sono ancora state chiarite. Esiste infatti un problema di fondo per la ricerca in questo campo: gran parte degli studi condotti riguarda le fibre alimentari presenti in un'ampia gamma di alimenti, incluse frutta e verdura, e non i cereali integrali in particolare. Tutti i cibi ricchi di fibre rientrano in una corretta alimentazione, pertanto risulta difficile isolare gli effetti dei singoli gruppi di alimenti o dei singoli componenti sullo sviluppo del tumore; inoltre, identificare le cause specifiche dei tumori dei diversi organi e tessuti è una questione piuttosto complessa, ancora oggetto di studio. A questo stadio della ricerca è possibile affermare, dunque, che includere regolarmente cereali integrali nella propria alimentazione sembra aiutare a prevenire lo sviluppo di tumori, sebbene non si sia ancora stabilito il perché.

Fibre e tumori

Le fibre alimentari sono connesse a una riduzione del rischio di tumori del tratto gastrointestinale (colon, stomaco e così via). Una possibile spiegazione è data dal fatto che le fibre, come ad esempio quelle contenute nei cereali integrali, aumentano la massa fecale accelerando in tal modo il transito intestinale: ciò si traduce in una riduzione dei tempi di esposizione delle cellule intestinali ad agenti chimici potenzialmente cancerogeni presenti negli alimenti consumati.

Numerosi studi confermano il collegamento tra consumo di cereali integrali e rischio di sviluppare determinati tipi di tumore. Per esempio, due studi indipendenti sono giunti entrambi alla conclusione che un maggior apporto di fibre può ridurre del 20-40% il rischio di essere colpiti al colon-retto, al pancreas e allo stomaco.

Fitochimici e tumori

Studi condotti negli Stati Uniti mostrano come l'incidenza dei tumori all'utero e alle ovaie sia inferiore nelle donne che consumano quotidianamente cereali integrali. Uno studio in particolare ha evidenziato un'incidenza di quasi il 40% inferiore dei tumori all'utero nelle donne che consumavano una o due porzioni di cereali integrali al giorno, rispetto al gruppo che non ne consumava affatto. Alcuni ricercatori sostengono che questo effetto protettivo sia in realtà da attribuire ai fitoestrogeni ("cugini" di origine vegetale degli ormoni sessuali umani) presenti nei cereali integrali, piuttosto che alle fibre di cui questi alimenti sono ricchi.

Si ritiene infatti che i fitoestrogeni svolgano un'azione protettiva nei confronti dei tessuti sensibili agli ormoni, come la mammella e l'utero, legandosi ai recettori estrogenici e agendo da antagonisti, ossia bloccando il legame con gli ormoni prodotti dall'organismo. Secondo questa teoria infatti un eccesso di estrogeni è uno dei fattori che favorirebbero l'insorgenza di determinati tipi di tumore. Attualmente sono ancora in corso esperimenti e studi per scoprire in base a quale meccanismo e in quale misura i cereali integrali esercitino la loro azione protettiva.

La ricerca continua

Rimane da scoprire se l'azione protettiva nei confronti delle cellule sia da attribuire alle fibre presenti nei cereali integrali o ai fitochimici e agli antiossidanti.

È importante determinare questi meccanismi in quanto ogni cereale presenta componenti diversi, ciascuno con specifici benefici per la salute. Per esempio, in uno studio pubblicato nel 1981 da S. Van Rensburg, in cui venivano messi a confronto i tassi di tumore registrati in diverse aree geografiche, i ricercatori hanno scoperto che l'incidenza del tumore all'esofago è inferiore tra le popolazioni la cui dieta prevede un consumo regolare di sorgo e miglio rispetto alle popolazioni con un'alimentazione che privilegia il frumento o il mais, fornendo prove inconfutabili in merito alla correlazione tra il rischio di certi tipi di tumore e la carenza di determinati nutrienti presenti in maggiori quantità in particolari specie di cereali.

IN SINTESI

È stato calcolato che se tutti adottassero uno stile di vita corretto si potrebbe evitare la comparsa di circa un caso di cancro su tre.

•

Gli studi indicano che le persone obese presentano un rischio superiore di sviluppare tumori.

•

Mangiare cereali integrali può ridurre del 20-40% il rischio di tumore al colon-retto, al pancreas e allo stomaco.

•

L'incidenza dei tumore all'utero e alle ovaie è inferiore nelle donne che consumano cereali integrali ogni giorno.

•

Varie ricerche suggeriscono che i nutrienti contenuti nel sorgo e nel miglio potrebbero svolgere un'azione preventiva contro il tumore all'esofago.

orzo con porri e finocchi
(*vedi pp. 132-133*).

diabete di tipo 2

Il diabete è una condizione caratterizzata da livelli patologicamente elevati di glucosio nel sangue. I tipi di diabete più comuni sono il diabete di tipo 1 e di tipo 2. Il primo insorge improvvisamente in conseguenza a una risposta immunologica dell'organismo, per cui il pancreas non è più in grado di produrre insulina. Il secondo invece si sviluppa gradualmente ed è influenzato da fattori quali l'alimentazione e l'obesità: purtroppo questo disturbo sta assumendo l'importanza di una vera e propria epidemia globale, ma un consumo regolare di cereali integrali può favorirne la prevenzione.

Chi sono i soggetti a rischio?

Il diabete di tipo 1 insorge solitamente durante l'infanzia e per questo è definito anche "diabete giovanile". Il diabete di tipo 2 invece è associato a una produzione eccessiva di insulina, indotta da una debole risposta dell'organismo all'azione di quest'ultima, è molto più comune e insorge più facilmente in soggetti in sovrappeso oppure obesi. Sebbene un tempo il diabete di tipo 2 fosse tipico dell'età adulta, oggi se ne segnalano casi sempre più frequenti anche tra i bambini.

Condizioni che favoriscono l'insorgenza del diabete di tipo 2

Il diabete di tipo 2 non insorge improvvisamente: i soggetti a rischio presentano quasi sempre condizioni di "pre-diabete" o di "intolleranza al glucosio", in cui la capacità dell'organismo di rispondere ai carboidrati (in modo particolare agli zuccheri semplici) è danneggiata e dà origine a una "resistenza insulinica", ossia una secrezione eccessiva di insulina. Queste condizioni, se non contrastate, portano allo sviluppo del diabete di tipo 2. Un consumo adeguato di cereali integrali ha effetti positivi sia sull'intolleranza al glucosio sia sulla resistenza insulinica e, pertanto, può costituire un aspetto importante della prevenzione e della cura del diabete.

Fibre e controllo della glicemia

La relazione tra fibre presenti nei cereali integrali e controllo della glicemia è nota da tempo: già negli anni '70 Denis Burkitt e Hugh Trowell documentarono nella cosiddetta "Fiber Hypothesis" la correlazione esistente tra un adeguato consumo di fibre e la prevenzione del diabete di tipo 2; nel 1979 James Anderson (un altro dei primi sostenitori delle virtù delle fibre) pubblicò un articolo in cui descriveva i benefici effetti delle fibre sull'organismo. Oggi sono centinaia gli studi che confermano molti dei vantaggi, un tempo solo teorizzati, derivanti da un regolare consumo di fibre. Il meccanismo alla base della loro positiva influenza sul nostro organismo è ancora oggetto di studi, ma in generale emerge una riduzione del 20-40% del rischio di diabete di tipo 2 nei soggetti che consumano regolarmente cereali integrali. In particolare, uno studio ha evidenziato come il gruppo di coloro che consumavano più cereali integrali presentava minori livelli di insulina e una maggiore sensibilità all'ormone. Altri studi hanno confermato come, all'aumentare delle dimensioni delle particelle di amido dei cereali consumati, aumentino anche i tempi di digestione, con un conseguente rallentamento delle variazioni di glicemia.

I cereali più ricchi di fibre solubili, come avena, segale e orzo, si sono dimostrati più efficaci nel migliorare la sensibilità insulinica rispetto ai cereali più ricchi di fibre insolubili, come frumento e grano saraceno. Altri cereali, quali il mais e il riso, caratterizzati da un contenuto minimo di fibre, sembrano invece non influenzare in maniera significativa la sensibilità all'insulina: questi primi confronti hanno indotto alcuni ricercatori a studiare gli effetti dei vari cereali caratterizzati da quantitativi e tipi diversi di fibre.

> I cereali integrali hanno effetti positivi sia sull'intolleranza al glucosio sia sulla resistenza insulinica.

Sostituendo le fibre insolubili con maggiori quantità di quelle solubili si possono ridurre significativamente sia la glicemia sia la colesterolemia. Per esempio, uno studio ha sostituito nella dieta di un gruppo di pazienti affetti da diabete di tipo 2 i tradizionali cereali per la colazione a base di mais o riso con cereali a base di frumento e avena con l'aggiunta di psillio (per aumentare l'apporto di fibre solubili). Nei tre mesi successivi, i soggetti mostrarono nel sangue livelli inferiori di trigliceridi (un tipo di grassi che aumenta in seguito all'assunzione di cibo) e miglioramenti nel rapporto tra colesterolo totale e colesterolo HDL ("buono"): i ricercatori hanno concluso pertanto che una dieta più ricca di fibre solubili riduce, nel tempo, il rischio di malattie cardiocircolatorie per i soggetti affetti da diabete di tipo 2.

Effetto combinato

Oltre a essere ricchi di fibre, i cereali integrali sono anche una fonte eccellente di magnesio, un minerale che molti ricercatori ritengono svolga un ruolo importante nella prevenzione e nella cura del diabete di tipo 2. Attualmente non è stato ancora chiarito se siano le fibre o il magnesio presente nei cereali integrali a proteggere l'organismo da tale disturbo: l'ipotesi più plausibile è che tali benefici siano in realtà imputabili all'azione combinata di queste due sostanze. È tuttavia possibile accontentarsi di sapere che i cereali integrali funzionano pur senza sapere in che modo esplichino questa loro benefica azione.

IN SINTESI

Aumentare il proprio consumo di cereali integrali consente di ridurre il rischio di diabete di tipo 2 del 20-40%.

•

Nei soggetti affetti da diabete di tipo 2, un maggior apporto di fibre aiuta a controllare i livelli di zuccheri nel sangue, il che può tradursi in una riduzione delle dosi di medicinali da assumere.

•

Sostituendo ai cereali raffinati quelli ad alto contenuto di fibre è possibile migliorare la sensibilità all'insulina, con una conseguente riduzione del rischio di sviluppare diabete di tipo 2.

•

I cereali integrali sono ricchi di magnesio, un minerale che i ricercatori ritengono svolga un ruolo importante nella prevenzione e nella cura del diabete di tipo 2.

crêpe di grano saraceno con formaggio di capra e pomodori secchi (*vedi p. 110*).

sindrome metabolica

La sindrome metabolica (o "sindrome X") è un insieme di alterazioni patologiche che, combinate, aumentano il rischio di sviluppare diabete di tipo 2 e malattie cardiovascolari. Tra i fattori di rischio rientrano gli elevati livelli di pressione arteriosa, l'aumento della circonferenza della vita (sono considerati patologici valori superiori a 100 cm negli uomini e a 87,5 cm nelle donne), l'intolleranza al glucosio (o "pre-diabete"), i livelli eccessivi di trigliceridi (la forma più comune di grassi presente nel sangue) e quelli ridotti di colesterolo HDL (il cosiddetto colesterolo "buono").

Fattori di rischio della sindrome metabolica

La sindrome metabolica colpisce un adulto su quattro nei Paesi industrializzati e, più si sale con l'età, più aumenta la probabilità di svilupparla: quasi il 50% degli adulti ultrasessantenni presenta fattori di rischio. Il 75% dei soggetti affetti da tale patologia sono in sovrappeso.

La diagnosi di sindrome metabolica viene emessa in presenza di almeno tre dei seguenti fattori di rischio: insulinoresistenza, obesità addominale, elevati livelli di pressione arteriosa e di trigliceridi; altri sintomi possono includere steatosi epatica, ossia elevati livelli di grasso nel fegato, e nelle donne sindrome ovarica policistica. Presi singolarmente, questi fattori non rappresentano necessariamente un problema grave per la salute, ma quando si presentano insieme inducono a temere l'insorgere di malattie cardiovascolari e di diabete di tipo 2: in tali casi sarà consigliabile consultare il proprio medico per sottoporsi ai dovuti accertamenti.

Sintomi associati alla sindrome metabolica:

- Insulinoresistenza
- Obesità addominale
- Livelli elevati di pressione arteriosa
- Livelli elevati di trigliceridi

Insulinoresistenza

Uno dei principali fattori di rischio per la sindrome metabolica è l'insulinoresistenza. L'insulina, un ormone prodotto dal pancreas, svolge tutta una serie di compiti fondamentali per l'organismo, tra cui quello di aiutare a trasportare gli zuccheri presenti nel sangue alle cellule. La resistenza all'insulina si sviluppa quando il corpo ha bisogno di più insulina del solito per svolgere il proprio lavoro: dopo aver ingerito carboidrati, la glicemia aumenta rapidamente mantenendosi su livelli elevati per un periodo più lungo del normale.

Una ricerca ha evidenziato che gli alimenti ricchi di fibre, nell'ambito di una dieta a basso regime di grassi saturi, migliorano la sensibilità all'insulina contrastando l'intolleranza al glucosio. Il modo più salutare e sostenibile per controllare la secrezione di insulina, e quindi l'insulinoresistenza, è pertanto quello di consumare cereali integrali, evitando il più possibile carboidrati raffinati quali pane bianco, dolci e tutto ciò che contiene farina raffinata o zucchero.

Un regime alimentare di questo tipo è a basso indice glicemico (IG) e, a differenza delle diete che eliminano completamente i carboidrati, garantisce migliori risultati per la salute, come è stato dimostrato scientificamente; poiché i cereali integrali sono digeriti più lentamente, gli zuccheri sono rilasciati nel sangue in modo regolare e l'organismo può assimilarli senza dover produrre eccessi di insulina. Uno studio ha dimostrato come le fibre presenti nei cereali integrali svolgano un'azione protettiva contro la sindrome metabolica e come, viceversa, la sensibilità all'insulina sia acuita dal consumo sregolato di carboidrati raffinati.

Obesità addominale

Un eccesso di grasso accumulato nella zona addominale è il fattore che maggiormente contribuisce allo sviluppo dell'insulinoresistenza e di malattie cardiovascolari, oltre a costituire uno dei fattori di rischio della sindrome metabolica. Fortunatamente, per liberarsi del grasso addominale, basta apportare alcuni semplici cambiamenti alla propria alimentazione e allo stile di vita. Introdurre cereali integrali nella propria dieta, limitare le porzioni e praticare una regolare attività fisica permette di smaltire i cuscinetti localizzati sull'addome (che sono, peraltro, i primi a sparire quando si inizia una dieta dimagrante).

Elevati livelli di pressione arteriosa

Una pressione arteriosa elevata, anche detta "ipertensione", è un altro fattore di rischio della sindrome metabolica e può favorire l'insorgenza di malattie cardiovascolari, specialmente se combinata con obesità addominale. Chi soffre di ipertensione dovrebbe seguire una dieta povera di grassi e ricca di cereali integrali, frutta e verdura. Vari studi suggeriscono, infatti, che l'aggiunta di due porzioni di cereali ricchi di fibre solubili alla propria dieta quotidiana aiuta ad abbassare i livelli della pressione arteriosa.

Alti livelli di trigliceridi

Livelli elevati di trigliceridi (il tipo più comune di grassi presenti nel sangue) e bassi livelli di colesterolo HDL ("buono") sono anch'essi associati alla sindrome metabolica e possono presentarsi in conseguenza a un consumo eccessivo di carboidrati raffinati e zuccheri. Per evitare o contrastare tale alterazione è possibile aumentare il consumo di cereali integrali e verdure ricche di fibre, svolgere regolare attività fisica ed evitare o smettere di fumare.

IN SINTESI

La sindrome metabolica è associata a elevati livelli di pressione arteriosa, obesità addominale, intolleranza al glucosio e alti livelli di trigliceridi.

•

Ciascuno di questi fattori, preso singolarmente, può non indicare necessariamente un problema grave per la salute, ma se si presentano insieme possono aumentare il rischio di malattie cardiovascolari e diabete di tipo 2.

•

Si ritiene che i cereali integrali migliorino la sensibilità all'insulina (contrastando l'intolleranza al glucosio) e svolgano un'azione protettiva nei confronti del diabete di tipo 2.

•

Consumare cereali integrali, unitamente a un'alimentazione povera di grassi e a uno stile di vita sano, aiuta a ridurre l'ipertensione e a perdere grasso addominale, riducendo in tal modo il rischio di sviluppare malattie cardiovascolari.

sandwich di pane integrale con insalata di tonno e quinoa (*vedi p. 111*).

disturbi gastrointestinali

Il sistema gastrointestinale, o digerente, comprende il tratto gastrointestinale (un tubo che dalla bocca prosegue fino all'ano ed è preposto all'assimilazione dei nutrienti e all'eliminazione dei prodotti di scarto) e i relativi organi, quali pancreas, fegato e cistifellea. Questi organi svolgono un ruolo fondamentale nella nutrizione in quanto è qui che le sostanze presenti negli alimenti sono scomposte ed elaborate per essere trasportate a tutte le cellule del corpo, fornendo l'energia necessaria per la crescita e la riparazione dei tessuti.

Il ruolo delle fibre per la salute del tratto gastrointestinale

Secondo i ricercatori, le fibre svolgono un ruolo essenziale per la salute del tratto gastrointestinale. Ne esistono di due tipi: quelle solubili e quelle insolubili. Le prime, presenti in alcuni tipi di cereali integrali, quali avena e orzo, si legano all'acqua nel tratto gastrointestinale formando una sostanza gelatinosa che rallenta il transito del cibo dallo stomaco e l'immissione del glucosio nel sangue; inoltre, bloccando l'assorbimento degli acidi biliari, favoriscono la riduzione dei livelli di colesterolo.

Le fibre insolubili, presenti invece in cereali quali il frumento integrale e il riso integrale, velocizzano il transito intestinale aumentando il volume della massa fecale. Questo si traduce in una riduzione delle calorie assorbite e in una diversa composizione della flora batterica del colon, a vantaggio di batteri "buoni" in grado di ridurre i composti cancerogeni presenti nelle feci; tutto ciò potrebbe spiegare il minore rischio di tumore al colon associato a una dieta ricca di fibre (*vedi* "Tumori", *pp. 18-19*). Le fibre insolubili presentano tuttavia uno spiacevole effetto collaterale temporaneo, in quanto possono favorire la formazione di gas intestinali.

Un aiuto per stitichezza ed emorroidi

La stitichezza (o stipsi) è caratterizzata da una ridotta frequenza delle evacuazioni (meno di tre volte a settimana), con feci piccole e dure il cui passaggio intestinale risulta difficoltoso. Un italiano su dieci soffre di tale disturbo, solitamente imputabile a un'alimentazione povera di fibre: i cibi ricchi di queste ultime, infatti, tendono ad assorbire acqua aumentando il volume della massa fecale e agevolandone il transito nell'intestino. Un'alimentazione che includa cereali integrali, frutta e verdura, unita a un adeguato esercizio fisico e all'assunzione di liquidi in abbondanza, risulta solitamente molto efficace per alleviare i sintomi della stitichezza.

Pur non trattandosi di una condizione medica particolarmente grave, le emorroidi sono un disturbo molto diffuso che crea non pochi disagi e preoccupazioni a chi ne soffre.

Sebbene non esistano rigorose evidenze scientifiche a sostegno della possibilità di prevenire le emorroidi con un'alimentazione ricca di fibre, è certo che, se si soffre di questo disturbo, la presenza di fibre nella propria alimentazione aiuterà a rendere la massa fecale più soffice e voluminosa agevolando la peristalsi e riducendo la probabilità di infiammazioni e sanguinamenti delle emorroidi.

Prevenzione delle malattie diverticolari

La diverticolosi è la presenza di piccole sacche estroflesse, dette diverticoli, che si formano sulle pareti del colon solitamente a causa di problemi di stitichezza, imputabili a un'alimentazione povera di fibre. La diverticolosi è comune nei Paesi industrializzati, dove il consumo di fibre è estremamente ridotto, e tende a divenire sempre più frequente con l'invecchiamento. Talvolta può essere accompagnata da sintomi quali leggeri crampi addominali, meteorismo, diarrea intermittente o stipsi.

Spesso tuttavia la diverticolosi è asintomatica, tant'è vero che chi ne è colpito non si accorge della malattia, che può così evolvere indisturbata in diverticolite, una condizione patologia più grave, in cui i diverticoli si infiammano causando dolore nella parte inferiore dell'addome, febbre, nausea, vomito, brividi, crampi e stipsi. Le fibre insolubili presenti nei cereali integrali aiutano a mantenere le feci più morbide agevolandone il transito intestinale e prevenendo la stipsi, così da ridurre il rischio di diverticolosi e diverticolite.

Sindrome dell'intestino irritabile e fibre

I sintomi associati alla sindrome dell'intestino irritabile, o IBS dall'inglese Irritable Bowel Syndrome, sono dolori addominali e meteorismo, accompagnati a periodi di stipsi o diarrea. Le cause scatenanti non sono ancora chiare, ma si ritiene possano essere correlate a un'iperattività di alcune aree dell'intestino. Il disturbo è così frequente che è diagnosticato dai gastroenterologi a quasi il 50% dei loro pazienti: statisticamente ne soffre, a un certo punto della propria vita, una persona su cinque. È consigliabile prevenire la stitichezza con un adeguato consumo di cereali integrali.

Riduzione del rischio di calcoli biliari

La bile è un liquido ricco di colesterolo che viene prodotto dal fegato e accumulato nella cistifellea in attesa di essere usato per i processi digestivi. Nei momenti in cui la concentrazione di colesterolo è eccessiva, però, la bile tende a diventare vischiosa e, col tempo, può dare origine ad accumuli solidi di varie dimensioni: i calcoli biliari.

Tale disturbo è più comune negli ultraquarantenni e nei soggetti in sovrappeso o che seguono un'alimentazione ricca di grassi: tra le persone magre e nei Paesi dove la dieta tipica è povera di grassi e ricca di fibre, infatti, l'incidenza dei calcoli biliari è inferiore. Pertanto i cereali integrali possono svolgere un ruolo importante nella prevenzione: oltre a favorire il controllo del peso, si legano agli acidi biliari agevolano l'escrezione del colesterolo da parte dell'organismo.

IN SINTESI

Esistono due tipi di fibre alimentari, quelle solubili e quelle insolubili.

•

Le fibre presenti nei cereali integrali possono aiutare ad alleviare i disturbi associati alle malattie gastrointestinali.

•

Un italiano su dieci soffre di stitichezza.

•

Una dieta ricca di fibre, che comprenda cereali integrali, può risultare molto efficace nel ridurre i sintomi legati alla stipsi.

•

Le fibre dei cereali integrali rendono la massa fecale più soffice agevolando la peristalsi e riducendo la probabilità di infiammazioni e sanguinamenti delle emorroidi.

•

I cereali integrali possono svolgere un'azione preventiva dei calcoli biliari agevolando l'escrezione del colesterolo e la perdita di peso.

zuppa di miglio e zucca barucca (*vedi pp. 92-93*).

celiachia

Sebbene i cereali integrali siano sempre alimenti estremamente preziosi e salutari, alcune persone non tollerano il glutine che alcuni tipi contengono. La celiachia (detta anche "intolleranza al glutine" o "sprue celiaca") è una malattia autoimmune: questo significa che spinge l'organismo a produrre anticorpi i quali attaccano i suoi stessi tessuti. Nelle persone affette dal morbo celiaco tale attacco è scatenato dal glutine, una proteina presente in alcuni tipi di cereali (ma non tutti), che crea gravi danni alla mucosa dell'intestino tenue facendola infiammare e inibendo il corretto assorbimento dei nutrienti contenuti nel cibo.

Che cos'è la celiachia?

La celiachia è una malattia genetica che colpisce sia adulti sia bambini. Si stima che in Italia ne sia affetta una persona ogni 150. Secondo i dati dell'AIC (Associazione Italiana Celiachia) i casi diagnosticati sono 35.000 ma, potenzialmente, i soggetti colpiti potrebbero essere fino a 400.000. Frumento, segale e orzo sono i principali imputati, mentre rimane controversa la posizione dell'avena che, pur non contenendo glutine, tende a scatenare reazioni nei soggetti con sensibilità al glutine (probabilmente perché viene spesso contaminata con farina di frumento durante la lavorazione).

I sintomi classici

Nei soggetti celiaci, l'esposizione al glutine causa una reazione infiammatoria nelle cellule che ricoprono le pareti dell'intestino. Questo porta a un malassorbimento di calorie e nutrienti e può essere accompagnato da sintomi quali dolori addominali, aerofagia, meteorismo, crampi e diarrea.

La celiachia si sviluppa solitamente abbastanza presto, per lo più in età infantile e nei bambini al di sotto dei cinque anni, ma può comparire a qualsiasi età. Nei bambini la sintomatologia tipica del morbo celiaco può presentarsi entro qualche mese dall'introduzione del frumento nella dieta del neonato e, se non trattata tempestivamente, può causare problemi di crescita.

Come tutte le intolleranze, tuttavia, quella al glutine può svilupparsi anche nel corso della vita. Per esempio è spesso diagnostica in ragazze adolescenti per le quali il menarca, ossia il primo ciclo mestruale, è comparso in età lievemente superiore alla norma o che presentano un ciclo mestruale irregolare. Quanto più avanzata è l'età alla quale si sviluppa la sensibilità al glutine, tanto più essa tende a essere accompagnata da disturbi addominali, i quali includono dolori ricorrenti, nausea, vomito, meteorismo e stitichezza.

Celiachia silente

Mentre un tempo si riteneva che la celiachia fosse sempre caratterizzata da gravi problemi digestivi e perdita di peso, oggi sono state riconosciute forme "silenti" del morbo: le persone affette possono non presentare sintomi per anni, oppure non avere disturbi intestinali ma lamentare letargia e anemia, o infine soffrire dell'alternanza di stipsi e diarrea tipica della sindrome dell'intestino irritabile. Purtroppo, se non è diagnosticata e trattata, la celiachia silente può progredire fino alla comparsa di sintomi imputabili a carenze nutrizionali.

Sospetto di celiachia: come comportarsi?

Se dopo aver ingerito alcuni tipi di cereali si accusano problemi di digestione di qualsiasi tipo, non imputabili ad altre cause, è consigliabile chiedere al medico di eseguire un esame del sangue per rilevare i valori degli anticorpi antigliadina. In caso di diagnosi sarà bene sottoporre anche i familiari del soggetto celiaco al test, anche in assenza di sintomi, poiché la celiachia è un problema genetico. Le diete prive di glutine possono attenuare i sintomi, curare i danni causati dal morbo e prevenire ulteriori deterioramenti delle condizioni dell'intestino. I miglioramenti sono evidenti già dopo alcuni giorni dall'inizio della dieta e, nella maggior parte dei casi, dopo 3-6 mesi l'intestino tenue sarà guarito e in grado di funzionare correttamente. In età più avanzata, tuttavia, il periodo di ripresa può durare fino a due anni. La dieta senza glutine dovrebbe essere seguita per tutta la vita.

Sebbene la celiachia possa essere difficile da riconoscere in quanto raramente si pensa al morbo celiaco al presentarsi di alcuni suoi sintomi, quando addirittura non si sviluppa in una forma silente, i disturbi a essa connessi regrediscono completamente con l'adozione di una dieta priva di glutine. La buona notizia è che esistono molti cereali integrali buoni e salutari che, come illustrato di seguito, possono essere consumati tranquillamente anche dai celiaci. Troverete indicazioni a proposito nella descrizione di ciascun cereale, fornita nella prossima sezione di questo libro, mentre in quella dedicata alle risorse (*vedi pp. 156-157*) sono a vostra disposizione informazioni su dove trovare e acquistare prodotti a base di cereali integrali privi di glutine.

Cereali consentiti:

- amaranto
- grano saraceno
- mais
- miglio
- quinoa
- riso
- sorgo
- teff

Cereali da evitare:

- avena
- farro
- frumento (bulgur compreso)
- kamut
- orzo
- segale
- spelta
- triticale

IN SINTESI

Secondo le statistiche, un italiano su 150 è affetto da celiachia.

•

Nei celiaci il glutine causa un'infiammazione della mucosa intestinale che determina il malassorbimento di calorie e nutrienti.

•

Una dieta priva di glutine (che comprenda tuttavia cereali integrali, quali amaranto, quinoa e grano saraceno) può migliorare i sintomi della celiachia e prevenire ulteriori danni.

•

Il morbo celiaco è una malattia genetica, pertanto i familiari di coloro ai quali è stato diagnosticato dovrebbero sottoporsi al test degli anticorpi antigliadina, anche in assenza di sintomi evidenti.

i cereali

amaranto

Un tempo venerato dagli Aztechi, l'amaranto è stato dimenticato a lungo prima di essere riscoperto negli anni '70 in virtù delle sue elevate qualità nutrizionali, della possibilità di crescere anche in condizioni difficili e del suo ottimo sapore. Oggi è coltivato su scala industriale in tutta l'America Latina, in Asia meridionale e negli Stati Uniti, per essere consumato in tutto il mondo.

Cenni storici

L'amaranto è una pianta dal passato glorioso. Gli Aztechi attribuivano ai suoi semi poteri soprannaturali e lo consideravano il simbolo del sacrificio umano: le donne azteche mescolavano i semi di amaranto con miele e sangue umano, dando forma a idoli che venivano consumati durante le cerimonie religiose. Quando all'inizio del XVI secolo i Conquistadores entrarono in contatto con la civiltà azteca, rimasero inorriditi dalla pratica di consumare sangue e sacrificare esseri umani: credendo di porre fine a queste pratiche bandendo l'amaranto, gli spagnoli proibirono la sua coltivazione, che finì così per essere dimenticata (si ritiene che questa decisione politica abbia contribuito alla fine definitiva della cultura azteca). Fortunatamente, l'amaranto cresceva spontaneamente anche in alcune regioni remote delle Ande e del Messico, dove è sopravvissuto per secoli arrivando fino a noi.

Secoli dopo, l'amaranto ha vissuto una sorta di rinascimento in tutta l'America Latina, dove oggi è parte integrante delle cerimonie e dell'alimentazione quotidiana di varie culture. In Messico i suoi grani sono fatti scoppiare e serviti come dessert. In Perù le donne si adornano con fastelli e fiori di amaranto durante il carnevale. I semi di amaranto vengono consumati e i fiori ammirati per la loro straordinaria bellezza anche in molti altri Paesi, in tutto il mondo. A partire dal 1975 l'amaranto è tornato a godere di una certa popolarità negli Stati Uniti e, sebbene non sia ancora diffuso quanto altri cereali, il suo consumo è in lieve aumento.

Descrizione

L'amaranto non è un cereale vero e proprio. Si tratta di una pianta erbacea molto resistente, in grado di sopportare siccità e condizioni di caldo estremo, che produce cespugli i quali possono raggiungere l'altezza di due metri e bellissime infiorescenze rosse o magenta contenenti enormi quantità di piccoli semi edibili. Questi ultimi possono essere bolliti o consumati come qualsiasi altro cereale, ossia macinati, germogliati, tostati o fatti scoppiare come i popcorn. L'amaranto bollito forma una massa gelatinosa, ben lontana dalla consistenza più leggera di molti altri cereali, ed è caratterizzata da un sapore leggermente dolce, di noce. I nutrienti sono concentrati per lo più in un "anello" naturale, che avvolge la sua sezione centrale amidacea, e quindi sono protetti durante la raccolta e la lavorazione.

Metodo di preparazione

Per cuocere l'amaranto, si aggiunge una parte di semi a tre parti di acqua bollente e si lascia bollire per 15-20 minuti circa, fino a completo assorbimento dell'acqua. Così preparati, i semi risultano teneri e leggermente appiccicosi.

È possibile utilizzare la farina di amaranto per preparare un'ampia gamma di paste e prodotti da forno. Essendo priva di glutine non è in grado di lievitare e pertanto deve essere mescolata con altre farine, come quella integrale di frumento, di farro o di kamut, per ottenere prodotti lievitati: infatti è il glutine che conferisce elasticità all'impasto durante la fase di lievitazione e cottura consentendo al pane, per esempio, di aumentare di volume senza sbriciolarsi. Tuttavia, per preparare pasta, pane azzimo o pancake è possibile utilizzare esclusivamente farina di amaranto.

Uno dei modi più semplici per introdurre i preziosi nutrienti dell'amaranto nella propria alimentazione è quello di aggiungerne i semi a zuppe, minestre o piatti in umido per addensarli. I semi di amaranto germogliati sono ancora più ricci di alcuni nutrienti e possono essere aggiunti a vari piatti o consumati da soli: per ottenerli, i semi devono essere risciacquati abbondantemente e lasciati in ammollo per 2-4 ore, quindi si scolano e si distribuiscono sul fondo di un barattolo coperto con del tessuto di lino leggero e messo in posizione soleggiata, come per esempio su un davanzale; i semi devono essere risciacquati e scolati nuovamente ogni 12 ore e germogliano di solito entro 24-48 ore.

Contenuto nutrizionale

I semi di amaranto contengono carboidrati, proteine, vitamine del gruppo B, folati, fosforo, calcio, magnesio e potassio. Questa pianta presenta un contenuto di proteine superiore a quello della maggior parte dei cereali ed è particolarmente ricca di aminoacidi essenziali e di lisina (spesso carente nei cereali). A parità di peso, contiene più calcio del latte e fornisce il doppio del ferro rispetto al frumento. Inoltre, l'amaranto è anche un'eccellente fonte di fibre.

Benefici per la salute

L'amaranto è un'ottima fonte di tocotrienoli, una forma di vitamina E in grado di ridurre i livelli di colesterolo nel sangue. Inoltre contiene anche oli polinsaturi estremamente benefici per il cuore, presenti per lo più nel germe, ossia nella parte più interna del seme. Questi oli sono ricchi di acido linoleico, un acido grasso essenziale, che si ritiene favorisca il processo antinfiammatorio dell'organismo e regoli la coagulazione del sangue. L'amaranto ha inoltre il vantaggio di essere privo di glutine e, pertanto, risulta adatto ai soggetti affetti da celiachia o intolleranti al glutine.

QUALCHE DATO

L'amaranto è un ottimo alleato della salute delle ossa, in quanto contiene più calcio del latte.

•

Gli oli polinsaturi contenuti nell'amaranto sono estremamente benefici per il cuore in quanto aiutano a ridurre i livelli di colesterolo.

•

L'amaranto fornisce il doppio del ferro rispetto al frumento e contiene più proteine della maggior parte dei cereali.

•

Essendo privo di glutine, l'amaranto è adatto ai soggetti intolleranti al glutine o affetti da celiachia.

orzo

Uno dei cereali più antichi che si conoscano, l'orzo è stato impiegato nelle varie culture per utilizzi molto diversi, come foraggio e alimento per l'uomo, come ingrediente di base della birra e persino come moneta di scambio al tempo dei Babilonesi. Disponibile tutto l'anno, oggi l'orzo è coltivato principalmente in Canada, Stati Uniti, Russia, Germania, Francia e Spagna.

Cenni storici

Originario dell'Etiopia e del Sud-est Asiatico, l'orzo è utilizzato in cucina già dal 2800 a.C. Persino nella Bibbia si parla di pani d'orzo come di un alimento comune al tempo di ebrei, Romani e Greci. Cucinato in Cina da oltre 4000 anni, nel corso del XVI secolo l'orzo fu portato in America Latina dagli spagnoli e successivamente negli Stati Uniti a opera di coloni inglesi e olandesi. Molto probabilmente, questo cereale ha trovato la strada verso l'America settentrionale grazie alla possibilità di germinare e produrre malto, ingrediente fondamentale nella produzione della birra.

Descrizione

L'orzo è disponibile in varie forme, tra cui orzo mondo, perlato, decorticato e in fiocchi (*vedi oltre*). I chicchi presentano due guaine, le glumelle, che racchiudono l'endosperma: la macinazione elimina quelle esterne lasciando solo l'endosperma e rendendo in tal modo il cereale commestibile. Tutte le varianti di orzo richiedono una lavorazione di qualche tipo, ma persino l'orzo perlato, il più raffinato, mantiene il 50% del suo contenuto originale di fibra una volta eliminata la crusca.

L'orzo mondo (o "nudo" o "integrale") è l'orzo al quale è stato rimosso solo il rivestimento più esterno e pertanto conserva il massimo del valore nutritivo. La crusca, intatta, contiene la maggior parte delle fibre, delle vitamine e dei minerali.

L'orzo perlato semintegrale, che si riconosce per il colore marroncino, è stato privato di una piccola parte di crusca ma è comunque ricco di fibre ed ha un valore nutritivo più elevato rispetto all'orzo perlato, più simile al riso bianco; quest'ultimo, pur essendo ricco di fibre (a differenza di altri cereali, infatti, nell'orzo le fibre sono presenti in tutto il chicco), è tuttavia priva di alcuni altri importanti nutrienti.

L'orzo decorticato è una via di mezzo tra l'orzo mondo e l'orzo perlato. In questo caso durante la trebbiatura va perduto l'involucro più esterno del chicco, che pertanto richiede una perlatura minima.

L'orzo spezzato o in fiocchi si ottiene schiacciando e tagliando i chicchi, solitamente della varietà di orzo mondo, nella quale la crusca è rimasta intatta. I fiocchi d'orzo sono simili ai fiocchi d'avena e possono essere utilizzati in cucina con le stesse modalità.

La farina d'orzo, ottenuta dalla macinatura dei chicchi d'orzo, può essere miscelata con farina di frumento integrale per la realizzazione di prodotti da forno; per lavorazione del genere è consigliabile utilizzare farine d'orzo mondo o decorticato anziché perlato. Sebbene non sia privo di glutine, l'orzo ne contiene una quantità limitata e pertanto può rappresentare una valida alternativa ai cereali tradizionali per chi desidera ridurre, ma non eliminare, la quantità di tale proteina nella propria alimentazione.

Metodo di preparazione

Grazie al suo gusto naturalmente dolce, che ricorda la noce, l'orzo può essere aggiunto a qualsiasi piatto, dalle minestre alle insalate, dal pane al muesli. Nel cucinarlo, qualsiasi varietà si sia scelta, occorre aggiungere una parte di orzo a tre parti e mezzo d'acqua bollente: quando l'ebollizione riprende, si abbassa la fiamma e si lascia cuocere coperto a fuoco lento, per 45-60 minuti nel caso dell'orzo perlato oppure per 90 minuti nel caso di quello mondo.

Contenuto nutrizionale

L'orzo contiene carboidrati e proteine, fibre solubili e insolubili, ed è un'ottima fonte di tiamina, niacina, selenio, ferro, zinco, fosforo, rame e manganese. Una porzione di orzo cotto soddisfa il 50% circa del fabbisogno giornaliero di selenio, un oligoelemento fondamentale per il corretto metabolismo degli ormoni tiroidei e per il buon funzionamento del sistema immunitario e delle difese antiossidanti; è stato dimostrato che il selenio riduce, inoltre, il rischio di sviluppare tumori. Tutte le varietà di orzo sono ricche di fibre (anche l'orzo perlato, pur avendo subito il processo di raffinazione più intenso) ma non sono adatte ai soggetti celiaci.

Benefici per la salute

La maggior parte degli studi condotti sui benefici dell'orzo ha preso in esame in realtà anche altri cereali integrali. L'orzo contiene sia fibre solubili, che aiutano a regolare l'assorbimento del glucosio nel sangue, sia fibre insolubili, che non vengono assimilate dall'organismo ma sono comunque importanti per favorire la motilità intestinale e aiutano a mantenere l'intestino in buona salute. I benefici dell'orzo sono probabilmente dovuti al suo elevato contenuto di fibre solubili e insolubili, oltre che alle proprietà antiossidanti del selenio. Per tale ragione il consumo di orzo può essere un valido alleato nella prevenzione di malattie cardiovascolari e tumori.

QUALCHE DATO

Ricco di fibre, l'orzo può aiutare a ridurre il rischio di malattie cardiovascolari e tumori.

•

Una porzione di orzo soddisfa il 50% del fabbisogno giornaliero di selenio, un minerale che si ritiene possa rinforzare il sistema immunitario.

•

L'orzo mondo è la varietà meno raffinata e pertanto più ricca di nutrienti, in quanto è stata privata solo del suo rivestimento più esterno.

•

L'orzo perlato è il più raffinato delle varietà disponibili ma resta comunque un alimento ricco di fibre perché, nell'orzo, queste sono presenti in tutto il chicco.

grano saraceno

Nonostante il nome, il grano saraceno non ha alcuna parentela con il grano: si tratta di una pianta erbacea, un tempo utilizzata solo come foraggio o fertilizzante, che di recente ha trovato grande favore presso fornai, apicoltori ed estimatori della cucina salutistica. I pizzoccheri, così come la soba, possono costituire una valida alternativa alla pasta tradizionale.

Cenni storici

Coltivato originariamente in Asia centrale e in Cina nel X secolo, il grano saraceno è giunto in Europa durante l'epoca delle grandi migrazioni delle popolazioni provenienti dalla Manciuria. Grazie alla sua estrema versatilità, il grano saraceno è divenuto ben presto un alimento fondamentale nella cucina di paesi come la Finlandia, l'Austria, la Francia, la Russia e l'Europa dell'est, oltre che di alcune regioni montane dell'Italia settentrionale. Nel XVII secolo venne portato negli Stati Uniti da coloni tedeschi e olandesi, dove trovò ampia coltivazione nello stato di New York. Gli apicoltori non tardarono a notare come il nettare profumato dell'infiorescenza del grano saraceno dava un miele caratterizzato da un gusto molto intenso e gradevole.

Descrizione

Il grano saraceno non è un cereale vero, bensì una pianta erbacea appartenente alla famiglia delle Poligonacee, strettamente imparentata con l'acetosella e il rabarbaro, che a differenza della maggior parte degli altri cereali non sviluppa una copertura erbosa bensì un fusto eretto non molto alto.

Il grano saraceno decorticato sono i chicchi privati dell'involucro esterno non commestibile e pressati fini a ridurli in piccoli pezzi. È di colore marrone chiaro e ha un gusto delicato leggermente amarognolo, che può essere eliminato tostandolo in olio per alcuni minuti fino a che non assume un intenso colore ruggine.

Il grano saraceno tostato, anche detto kasha, è di colore marrone scuro ed è caratterizzato da un aroma e un sapore di noce molto intensi. Viene solitamente tostato in olio e può essere utilizzato per cucinare pilaf, pane e porridge.

La pappa di grano saraceno è un preparato a base di grano saraceno tostato e macinato grossolanamente, che cuoce rapidamente con la bollitura e si mangia caldo: si tratta di una sana colazione, tipica soprattutto dei Paesi anglosassoni.

La farina di grano saraceno si usa per preparare pasta, crêpe, pane e prodotti da forno. Le varietà in commercio variano per colore (e contenuto nutritivo): è consigliabile scegliere quella più scura, che sarà anche più nutriente. La farina di grano saraceno può essere mescolata alla farina di frumento integrale per conferire ai prodotti da forno un sapore caratteristico, ma occorre ridurre le dosi impiegate del 30-50% circa rispetto ad altre farine contenenti glutine.

Metodo di preparazione

Prima di tutto, il grano saraceno deve essere sciacquato sotto l'acqua fredda corrente per rimuovere eventuali impurità. Se si utilizza la varietà decorticata, occorre tostarlo leggermente in olio fino a che non avrà assunto un colore marrone intenso. Basterà poi aggiungere una parte di grano saraceno a due parti di acqua o brodo poco salato bollente: quando il liquido riprende a bollire, abbassare la fiamma e lasciare cuocere coperto a fuoco lento per 15-20 minuti.

Il grano saraceno è molto poroso e ha la tendenza ad assorbire tutto il liquido a propria disposizione: per tale ragione, è bene verificare più volte durante la cottura se è necessario aggiungere ulteriore acqua o brodo.

Contenuto nutrizionale

Il grano saraceno ha un contenuto ridotto di grassi ed è un'eccellente fonte di proteine, carboidrati complessi e fibre solubili e insolubili. Contiene anche rutina, una sostanza ad azione antiossidante, e un'ampia gamma di nutrienti tra cui manganese, magnesio, tiamina e riboflavina. Essendo privo di glutine può essere consumato tranquillamente anche dai soggetti celiaci o intolleranti al glutine.

Benefici per la salute

Alcuni studi hanno dimostrato come le diete caratterizzate da un consumo elevato di grano saraceno aiutino a ridurre il colesterolo e l'ipertensione. Dopo avere studiato gli Yi, un gruppo etnico che abita alcune regioni della Cina, la cui alimentazione prevede un consumo giornaliero medio procapite di 100 grammi di grano saraceno, i ricercatori sono giunti alla conclusione che consumare grano saraceno riduce sia il livello totale del colesterolo che quello del colesterolo LDL (cosiddetto "cattivo") aumentando al tempo stesso l'incidenza del colesterolo HDL (cosiddetto "buono").

Un consumo elevato di grano saraceno costituisce inoltre un valido aiuto nella prevenzione e nella cura del diabete di tipo 2: il pane fatto con grano saraceno decorticato riduce considerevolmente i livelli di glucosio nel sangue e migliora la risposta insulinica del pancreas nella fase successiva al suo consumo.

Il magnesio presente in questo cereali sembra inoltre ridurre di circa il 24% il rischio di diabete di tipo 2. Noto per la sua azione vasodilatatrice, il magnesio aiuta ad abbassare l'ipertensione e a migliorare l'apporto di nutrienti alle cellule.

QUALCHE DATO

Le diete caratterizzate da un consumo elevato di grano saraceno hanno dimostrato di fornire un valido aiuto nel ridurre il colesterolo e l'ipertensione.

•

Il magnesio presente nel grano saraceno sembra abbassare di circa il 24% il rischio di sviluppare diabete di tipo 2.

•

Un consumo regolare di grano saraceno costituisce un valido aiuto nel ridurre i livelli di glicemia e nel regolare la risposta insulinica.

•

Privo di glutine, il grano saraceno può essere consumato tranquillamente anche dalle persone celiache o intolleranti al glutine.

mais

Facile da coltivare e ricco di proteine, il mais si può bollire e gustare come delicato, far scoppiare per farne stuzzicanti popcorn oppure macinare per realizzare polente o prodotti da forno rustici. Un tempo fondamentale per gli Indiani d'America, questo importante cereale è oggi coltivato in maniera estensiva soprattutto negli Stati Uniti, in Russia, Cina, Messico e Brasile.

Cenni storici

Originario dell'America centrale, il mais era la principale fonte di sostentamento per civiltà primitive come Maya, Aztechi e Inca, dai quali era considerato sacro tanto da occupare un posto importante nella mitologia e nei rituali. Ancora oggi il mais occupa un ruolo centrale nella dieta degli Indiani d'America.

Quando i primi esploratori spagnoli e portoghesi fecero ritorno dal Nuovo Mondo, portarono con sé questo cereale, diffuso in tutto il continente americano e disponibile in numerose varietà e colori, dal blu al rosa, dal giallo al nero: dalla Spagna e dal Portogallo, ben presto, il mais si diffuse in tutta Europa.

Descrizione

Noto comunemente anche con il nome di "granturco", il mais (nome scientifico *Zea mays*) cresce in pannocchie con file ordinate di chicchi, protette da lunghi filamenti fibrosi detti "barba di mais" e da lunghe e resistenti foglie verdi, le "bratte", che offrono un'eccellente protezione dagli agenti atmosferici. Si pensa che in origine, cioè intorno al 5000 a.C., il mais presentasse un numero inferiore di chicchi, ma che migliaia di anni di domesticazione siano serviti a modificare le pannocchie, ora rigonfie di chicchi carnosi.

Il mais dolce è una varietà particolare di mais, caratterizzata da un maggior contenuto di zuccheri e destinata a essere consumata giovane, come verdura.

La farina di mais può essere utilizzata per fare di tutto, dal pane ai dolci alla polenta. Solitamente, i chicchi di mais sono sottoposti a un processo di macinatura dopo che le pannocchie sono state pulite, private delle bratte, vaporizzate e sgranate. Durante la macinatura la crusca e il germe sono eliminati lasciando solo l'endosperma; la farina così ottenuta è, di solito, arricchita poi in modo artificiale con alcuni dei nutrienti andati perduti. Si consiglia di acquistare farina macinata a pietra, più grezza, in quanto questa tecnica lascia intatto il prezioso germe, mentre sono da evitare le farine degerminate, dalle quali è stata completamente rimossa la parte centrale del chicco.

QUALCHE DATO

Buona fonte di fibre solubili, il mais aiuta a stabilizzare i livelli di glucosio e a ridurre il colesterolo.

•

Le fibre insolubili presenti nel mais contribuiscono a mantenere in buona salute il tratto gastrointestinale.

•

Il mais è ricco di folati, sostanze che si ritiene riducano il rischio di infarto e contribuiscano alla salute del cuore.

•

Cereale privo di glutine, il mais è un'ottima alternativa al frumento per soggetti celiaci o intolleranti al glutine.

La farina di mais si trova in commercio sia nella varietà bianca sia in quella gialla, a seconda che il tipo di mais dal quale proviene sia pigmentato o meno.
Per le persone celiache e intolleranti al glutine, la farina di mais rappresenta un'ottima alternativa al frumento, in quanto completamente priva di glutine.

Il popcorn compariva regolarmente nelle cerimonie tradizionali degli Indiani d'America molto tempo prima che gli esploratori europei sbarcassero lungo le loro coste. In tempi più recenti, ha superato la prova del tempo diffondendosi come snack sfizioso e salutare, privo di grassi, di zuccheri, di additivi artificiali e caratterizzato da un contenuto calorico relativamente basso.

Ma perché il mais scoppia? Nel suo chicco, la crusca racchiude l'endosperma, ricco di amido e contenente una certa quantità di acqua: quest'ultima, quando si riscalda, inizia a trasformarsi in vapore e a premere sulla crusca, che tuttavia ne impedisce la fuoriuscita creando una sorta di pentola a pressione. Quando la crusca non riesce più a contenere la pressione, il chicco esplode liberando all'esterno l'amido bianco dell'endosperma.

La polenta è un impasto a base di acqua e farina di mais, che costituiva un tempo la fonte di sostentamento principale delle popolazioni rurali e montane dell'Italia settentrionale. Oggi la polenta è un piatto gustoso e nutriente diffuso in tutto il mondo, spesso consumato come accompagnamento ad altre pietanze, ma è raro che sia preparata con farina di mais integrale.

SUGGERIMENTI

Scegliete farina di mais macinata a pietra, più grezza, che contiene anche il germe.

•

Il popcorn fatto in casa è uno snack salutare, ricco di fibre e di altri nutrienti.

•

Le pannocchie di mais bollite, cotte al vapore o arrostite sono un'idea sfiziosa, salutare e veloce da preparare, che mette d'accordo tutta la famiglia.

Metodo di preparazione

La pannocchia di mais può essere arrostita intera, ossia completa di bratte, oppure essere privata delle foglie e lessata o cotta al vapore; l'importante è non eccedere nella cottura per evitare che il mais si indurisca e perda parte del suo sapore.
Se si sceglie di arrostire la pannocchia nelle bratte, è necessario dapprima lasciarla per qualche tempo in ammollo nell'acqua. La preparazione più semplice consiste nell'aprire delicatamente le bratte, rimuovere la barba, condire la pannocchia con olio di oliva, sale e pepe, richiudere le foglie e quindi arrostire il tutto sulla griglia.

Polenta: Preparare una polenta di farina integrale richiede tempo e pazienza perché la farina deve essere mescolata a lungo. Sono necessari 2 litri d'acqua e un tegame capiente (in origine si utilizzava un paiolo di rame): quando l'acqua inizia a bollire, si versano a pioggia 450 grammi di farina di mais integrale bramata (macinata grossolanamente) e si mescola energicamente per circa 20-30 minuti, sempre nello stesso senso. Più si mescola, migliore sarà il risultato. Quando la polenta si stacca dalle pareti del tegame con facilità, è pronta e può essere servita al naturale, spolverizzata di parmigiano, guarnita di verdure saltate o presentata come contorno per pollo, pesce o carne magra.

tortilla di mais integrale con avocado e salsa verde (*vedi p. 85*).

Contenuto nutrizionale

Il mais è considerato una verdura amidacea per il suo elevato contenuto di carboidrati, ma contiene anche tiamina, folati, fibre dietetiche, vitamina C, fosforo e manganese in abbondanza. Ha un basso tenore di grassi, è ricco di fibre solubili e insolubili, ed è un cereale ideale nella dieta di soggetti celiaci o intolleranti al glutine.

Benefici per la salute

Il mais è una buona fonte di fibre, sia solubili che insolubili. Le fibre solubili aiutano a stabilizzare i livelli di glucosio nel sangue e, pertanto, si ritiene aiutino a ridurre il rischio di sviluppare diabete di tipo 2. Quelle contenute nel mais, inoltre, sembrano contribuire a ridurre i livelli di colesterolo nel sangue e quindi aiutano a difendere la salute del cuore.

Le fibre insolubili presenti nel mais aiutano a mantenere in buone condizioni il tratto gastrointestinale e a ridurre il rischio di tumore al colon. Il mais è anche un'eccellente fonte di folati, che si ritiene contribuiscano alla buona salute cardiaca e quindi a ridurre il rischio di infarto.

farro

Uno dei cereali più antichi coltivati dall'uomo, il farro era l'alimento base della dieta degli eserciti romani in quanto era facile da coltivare e ricco di nutrienti. Antenato del grano duro, il farro, il cui nome deriva dal latino "far" (da cui anche la parola "farina"), è oggi un ingrediente da gourmet della cucina italiana, ma costituisce da sempre anche la base della cucina etiope.

QUALCHE DATO

Ricco di nutrienti, il farro è un'eccellente fonte di fibre, magnesio e vitamine A, B, C ed E.

•

Il farro è un antico antenato del grano duro.

•

Caratterizzato da un ridotto contenuto di glutine, il farro può essere consumato anche da persone con una leggera sensibilità a tale sostanza.

Cenni storici

Il farro, così come il frumento e l'orzo, iniziò a essere coltivato circa 10.000 anni fa in Medio ed Estremo Oriente, Europa e Nord Africa. Nel corso del Medioevo, però, cominciò a essere sostituito dal frumento, dall'orzo e dagli altri cereali più facili da coltivare: all'inizio del XIX secolo il farro cresceva solo in alcune regioni della Russia, dell'Italia, dell'Etiopia e dell'India.

Descrizione

Farro è il nome comune con cui vengono chiamati i "frumenti vestiti", nei quali dopo la trebbiatura il seme risulta ancora ricoperto dalle glumelle; queste ultime devono essere eliminate con un successivo intervento detto "decorticatura" o "sbramatura", prima di passare a ulteriori lavorazioni. La porzione edibile del cereale è quella che cresce all'interno delle glumelle, che proteggono il chicco dagli agenti atmosferici e dalla contaminazione dei pesticidi.

Metodo di preparazione

Il farro va sciacquato abbondantemente sotto l'acqua fredda, lasciato in ammollo per almeno otto ore e quindi fatto bollire nell'acqua dell'ammollo per circa due ore. A cottura ultimata, lo si lascia riposare per qualche minuto in modo che possa assorbire tutto il liquido residuo. Se è cotto al punto giusto deve risultare al dente. Utilizzando la pentola a pressione, si devono dimezzare i tempi di cottura.

Contenuto nutrizionale

Il farro è un'eccezionale fonte di fibre, magnesio e vitamine A, B, C ed E. Presenta inoltre un contenuto ridotto di glutine che lo rende adatto a essere consumato anche da persone affette da una leggera sensibilità a tale sostanza.

Benefici per la salute

Il farro non è ancora stato oggetto di studi clinici approfonditi, ma la sua ricchezza nutritiva ne fa un componente eccellente di un'alimentazione sana.

kamut

Il kamut deve il suo nome alla parola egizia che indica il grano e che secondo gli egittologi significa anche "anima della terra". Antenato del grano duro, il kamut raggiunge un'altezza due volte superiore a quella del frumento comune e inoltre, offrendo una buona resa anche senza l'impiego di fertilizzanti e pesticidi, si sta rapidamente diffondendo come coltura biologica.

Cenni storici

La leggenda vuole che il kamut sia stato scoperto e portato negli Stati Uniti da un pilota che, durante la Seconda Guerra Mondiale, ne aveva trovato alcuni semi in un antico sarcofago nelle vicinanze di Dashare in Egitto. Presa una manciata di essi, li affidò a un amico che li inviò a suo padre, cerealicoltore del Montana, il quale li seminò ottenendo piante esattamente uguali a quelle del frumento ma di dimensioni molto più grandi. L'agricoltore battezzò il cereale "grano del re Touth" e lo vendette come curiosità alla fiera agricola locale, ma la novità perse presto la sua attrattiva e fu solo negli anni '80 che l'interesse nei confronti del kamut tornò a rifiorire. Oggi è coltivato in zone limitate degli Stati Uniti e del Canada.

Descrizione

Simile al grano duro nell'aspetto, il kamut contiene tuttavia il 20-40% in più di proteine, grassi, vitamine e minerali. Grazie al suo sapore naturalmente dolce e burroso, si presta perfettamente alla preparazione di torte, biscotti, paste e pane.

Metodo di preparazione

Per cucinare il kamut, si portano a ebollizione tre parti di acqua e si aggiunge una parte di cereale e una presa di sale. Il kamut richiede fino a due ore di cottura.

Contenuto nutrizionale

Il kamut è un'eccellente fonte di proteine, acidi grassi essenziali, vitamine e minerali: in particolare è ricco di selenio, magnesio, zinco e vitamina E. Il suo contenuto di glutine non lo rende tuttavia adatto alla dieta di soggetti celiaci.

Benefici per la salute

Essendo stato riscoperto solo di recente, il kamut non è ancora stato oggetto di studi scientifici. Tuttavia, grazie all'elevato contenuto di vitamine, minerali, aminoacidi e antiossidanti, il kamut offre sicuramente molti degli stessi benefici del frumento integrale.

QUALCHE DATO

Antenato del grano duro, il kamut contiene rispetto a quest'ultimo il 20-40% in più di proteine, acidi grassi essenziali, vitamine e minerali.

Cereale riscoperto solo di recente, il kamut non richiede l'impiego di fertilizzanti e pesticidi e in quanto tale sta diventando sempre più popolare a seguito dell'aumento della domanda di prodotti biologici.

Il kamut contiene glutine e pertanto non è adatto alla dieta di soggetti celiaci o intolleranti al glutine.

miglio

Il miglio è uno dei cereali più antichi e nutrienti che si conosca. Presente fin dalla preistoria nella regione etiope, è citato persino nella Bibbia come ingrediente del pane azzimo. Un tempo utilizzato soltanto come becchime per gli uccelli e come foraggio per il bestiame, oggi ne sono apprezzate le proprietà come cereale importante in un'alimentazione sana ed equilibrata.

Cenni storici

Da millenni il miglio ha un ruolo fondamentale nella dieta delle popolazioni dell'Africa e dell'India, dove viene ancora oggi utilizzato per preparare l'*injera*, il tradizionale pane schiacciato etiope, e il *roti*, un pane indiano simile alle nostre piadine. Nel corso del Medioevo questo cereale si diffuse largamente nei Paesi dell'Europa orientale, dove era utilizzato nella preparazione di piatti tradizionali quali il porridge e il kasha. In seguito fu introdotto negli Stati Uniti nel XVIII secolo, da coloni europei. Oggi i principali produttori di miglio sono India, Cina e Nigeria.

Descrizione

Il termine miglio si riferisce in realtà a una varietà di cereali la maggior parte dei quali non è impiegata nell'alimentazione umana ma utilizzata come becchime per gli uccelli. Il miglio che si trova sugli scaffali dei negozi biologici e dei supermercati appartiene principalmente alla varietà *Panicum miliaceum* o *Setaria italica*. Ne esistono quattro specie principali: il miglio perla, il miglio piccolo, il miglio africano e il miglio giapponese. Il primo, che presenta i chicchi più grandi, è il più diffuso per l'alimentazione umana.

Il miglio produce una pianta molto alta, simile a quella del mais. I suoi semi sono circondati da glumelle piuttosto dure e non commestibili, che devono essere eliminate se si vuole utilizzare il cereale per l'alimentazione umana. Il miglio ha il pregio di mantenere intatto il germe durante la decorticatura, lasciando inalterato il valore nutritivo del cereale. I semi, disponibili in colori che variano dal giallo al bianco, dal grigio al rosso, sono piccoli, tondi e di aspetto perlaceo. È un cereale versatile che cresce sia nelle regioni caratterizzate da climi rigidi sia in quelle calde; richiede poca umidità e ha una stagione di crescita breve.

Metodo di preparazione

Il miglio si presta a moltissime preparazioni, dal muesli agli sformati, dal pane agli stufati, dai pilaf ai ripieni. Può essere utilizzato come contorno mescolandolo a verdure o combinandolo con spezie e altri cereali per ottenere delle gustose insalate.

Il suo sapore gradevole, leggermente dolce, lo rende ideale per un'ampia gamma di ricette. Prima della cottura, il miglio deve essere lavato sotto l'acqua fredda corrente per rimuovere eventuali impurità e setacciato per eliminare i semi danneggiati. Occorre poi aggiungere una parte di miglio a tre di acqua bollente e lasciar cuocere per circa 30 minuti o comunque fino a completo assorbimento del liquido. Lasciar poi riposare a pentola coperta per altri 10 minuti.

Se il miglio è stato precedentemente messo in ammollo, i tempi di cottura si riducono a 5-10 minuti. Per ottenere una consistenza più leggera basta utilizzare meno acqua, mentre aumentando il liquido si avrà un composto più denso. Per migliorarne il sapore, si possono tostare i semi crudi in padella, mescolando a fuoco basso per tre minuti oppure fino a quando non si inizierà a sentire un gradevole aroma. Quando i chicchi avranno assunto un bel colore dorato, sarà sufficiente aggiungere dell'acqua bollente e cuocerlo seguendo le istruzioni fornite in precedenza. È tuttavia possibile fare delle prove variando tempi e metodi di cottura per ottenere consistenze e note di sapore alquanto differenti.

La farina di miglio consente di realizzare prodotti da forno leggeri e delicati. Se si desidera impiegarla per il pane, è consigliabile mescolarla al 30% al massimo con altre farine ricche di glutine affinché l'impasto possa lievitare. Per dare croccantezza ai prodotti da forno, si possono aggiungere semi di miglio integrali all'impasto.

I fiocchi di miglio sono chicchi che sono stati compressi tra due rulli rotanti e possono essere aggiunti al muesli o trasformati in porridge per un'ottima colazione.

Contenuto nutrizionale

Pur essendo composto soprattutto di carboidrati, il miglio ha il 15% di proteine ed è ricco di lisina, un aminoacido essenziale. È inoltre una buona fonte di fibre, vitamine del gruppo B come la niacina, la tiamina e la riboflavina, e minerali, quali manganese, fosforo e magnesio.

Il miglio è naturalmente privo di glutine ed è un alimento alcalino che, quindi, non crea acidità nello stomaco: pertanto è particolarmente adatto ai celiaci.

Benefici per la salute

Il miglio è un cereale incredibilmente salutare e prezioso in particolare per il cuore. È ricco di magnesio, minerale che aiuta a ridurre l'ipertensione, e perciò può fornire un valido aiuto per contrastare il rischio di infarto. Il magnesio sembra correlato anche a una ridotta incidenza degli attacchi di emicrania e di asma.

Il miglio contiene anche fitochimici quali i fitati, utili nel ridurre il rischio di tumore, e l'acido fitico, in grado di abbassare i livelli di colesterolo nel sangue. Inoltre, la varietà *Setaria italica* sembra particolarmente ricca di silicio, un oligoelemento importante per la salute di capelli, unghie e pelle.

QUALCHE DATO

Il germe rimane intatto durante il processo di decorticatura del miglio, lasciando inalterato il valore nutritivo di questo cereale.

•

Il miglio è naturalmente privo di glutine, il che loro rende facilmente digeribile anche per i celiaci.

•

Includere il miglio nella propria alimentazione quotidiana si ritiene possa ridurre il rischio di tumore e abbassare i livelli di colesterolo nel sangue.

•

Il miglio è una buona fonte di proteine e di nutrienti essenziali, quali vitamine del gruppo B e minerali tra cui manganese, fosforo e magnesio.

avena

L'avena è coltivata e consumata da millenni in tutto il mondo. Pianta robusta, in grado di crescere anche in terre dal suolo povero, inadatte alla coltivazione di altri cereali, l'avena si adatta bene a condizioni climatiche di ogni tipo. Oggi i maggiori produttori d'avena sono Russia, Germania, Polonia, Finlandia e Stati Uniti.

QUALCHE DATO

Durante il processo di decorticatura dell'avena, germe e crusca non vanno perduti: restano così inalterati il ricco patrimonio nutritivo e le fibre di questo cereale.

•

Il consumo quotidiano può ridurre il colesterolo, proteggere il cuore, aiutare a controllare il peso e contrastare il diabete di tipo 2.

•

L'avena è una fonte eccellente di manganese, che aiuta a regolare la glicemia.

•

L'avena può scatenare una reazione nei soggetti celiaci o intolleranti al glutine, che pertanto devono eliminarla dalla propria dieta.

Cenni storici

Pur avendo riscosso, negli ultimi decenni, grande successo come alimento base per una colazione sana e nutriente, l'avena ha origini molto umili: sembra infatti che derivi dall'*Avena fatua*, una pianta infestante diffusa in Asia, che cresceva spontaneamente insieme alle erbacce in presenza di altre coltivazioni. La domesticazione dell'avena è avvenuta attorno al 2500 a.C., probabilmente nelle aree del Nord Africa, del Vicino Oriente e nelle regioni temperate della Russia, ma prima di essere utilizzato per l'alimentazione umana, questo cereale era impiegato come foraggio e strame per il bestiame. Per migliaia di anni l'Europa ne è stato il centro di produzione e commercio, visto che l'avena aveva una posizione prominente nell'alimentazione dei popoli del Nord Europa, quali scozzesi, inglesi, tedeschi e scandinavi. Furono proprio i coloni scozzesi a introdurla anche nel Nord America nel corso del XVII secolo.

Descrizione

Una volta raccolta, l'avena (*Avena sativa*) è sottoposta a trattamenti di vario tipo al fine di ottenere tutta una gamma di prodotti diversi. Sebbene debba sempre essere decorticata per essere commestibile, tale processo non elimina germe e crusca: restano inalterati il sapore caratteristico del cereale e il suo ricco patrimonio di nutrienti e fibre.

Le scaglie di avena sono la forma d'avena più nota, sebbene raramente siano conosciute con questo nome: si tratta dei semi decorticati, vaporizzati e quindi pressati tra rulli d'acciaio, ovvero "rollati". Con la cottura (5-7 minuti) i fiocchi si gonfiano diventando teneri e digeribili, pronti per essere aggiunti a muesli o zuppe, oppure per essere utilizzati nella preparazione di creme di cereali calde e porridge.

I fiocchi d'avena a cottura rapida cuociono in 3-5 minuti, semplicemente in quanto i chicchi del cereale sono stati sminuzzati in precedenza, durante la lavorazione industriale.

L'avena istantanea è molto apprezzata per la sua praticità. È ottenuta dal tritello d'avena, ovvero dal cereale sminuzzato e triturato, successivamente precotto, essiccato e rollato a uno spessore minimo. In commercio ne esistono versioni insaporite con zuccheri, sale o altri ingredienti che sarebbe bene evitare, quindi leggete attentamente le etichette prima dell'acquisto.

I chicchi d'avena integrali interi hanno subito una lavorazione minima, durante la quale sono state rimosse solo le glumelle esterne. Essendo molto duri richiedono tempi di cottura decisamente lunghi (circa 50 minuti) e molta acqua, altrimenti risulteranno difficili da masticare. I chicchi d'avena integrali sono l'ideale per preparare cereali da colazione, pane sostanzioso e gustose insalate.

La farina d'avena è usata nella preparazione di prodotti da forno di vario tipo, oltre che come addensante per salse e zuppe. Si ottiene dalla macinatura dei semi, che si può fare anche in casa macinando i fiocchi d'avena con un comune mixer.

La crusca d'avena è lo strato esterno del chicco d'avena, che viene rimosso durante la lavorazione: naturalmente è presente nell'avena integrale, ma può anche essere acquistata separatamente. Sebbene non sia un cereale integrale, è molto versatile e salutare e può essere aggiunta a prodotti da forno, zuppe, creme, yogurt e simili.

Metodo di preparazione

L'avena dà sapore e consistenza a molte ricette, ma soprattutto consente di incrementare notevolmente l'assunzione di fibre. È consigliabile acquistarne sempre quantità limitate in quanto presenta un contenuto di grassi leggermente superiore rispetto agli altri cereali e pertanto irrancidisce più rapidamente.

Per cucinare i fiocchi d'avena, aggiungere una parte di fiocchi a due parti di acqua calda e quindi portare a ebollizione. Nel caso dei semi d'avena integrali interi, sono necessarie tre parti d'acqua e una parte di semi e i tempi di cottura sono decisamente più lunghi.

La farina d'avena può essere aggiunta all'impasto di qualsiasi prodotto da forno o usata per impanare: dà consistenza, sapore e aumenta l'apporto di fibre.

Contenuto nutrizionale

L'avena è una buona fonte di carboidrati complessi e fibre, oltre che di proteine, vitamine e minerali (in particolare tiamina, selenio, fosforo e manganese). L'avena contiene anche una piccola quantità di folati, vitamina E, rame e zinco. Alcuni tipi di farina d'avena istantanea sono arricchiti con vitamine e minerali quali il ferro. L'avena può scatenare una reazione nelle persone celiache o intolleranti al glutine, che pertanto devono eliminarla dalla propria dieta.

SUGGERIMENTI

Leggere attentamente le etichette, quando si acquistano fiocchi d'avena, è importante per evitare gli zuccheri e il sale aggiunti a molti prodotti industriali.

•

I muffin fatti in casa possono essere un alimento gratificante e sano, se preparati con farina d'avena e non appesantiti di grassi saturi e zuccheri come quelli che si acquistano al bar.

•

L'avena presenta un contenuto di grassi superiore a quello degli altri cereali e pertanto può irrancidire se conservata per un tempo prolungato.

biscotti di fiocchi d'avena e uvetta (*vedi pp. 150-151*).

Benefici per la salute

Fare in modo che l'avena diventi parte della propria alimentazione quotidiana è un ottimo modo per perdere o controllare il peso corporeo, ridurre i livelli di colesterolemia, proteggere la salute del cuore e prevenire o contrastare l'insorgenza del diabete di tipo 2. Negli Stati Uniti, la Food and Drug Administration (l'organismo preposto alla tutela della salute pubblica) raccomanda di introdurre questo cereale in un regime alimentare a ridotto tenore di grassi saturi e colesterolo, al fine di ridurre il rischio di malattie cardiovascolari che causano un gran numero di decessi ogni anno, nei Paesi industrializzati.

La maggior parte dei benefici effetti prodotti dall'avena sul nostro organismo derivano dal suo ricco contenuto di fibre, composte quasi al 55% di fibre solubili e per il resto di fibre insolubili: l'avena contiene infatti più fibre solubili di qualsiasi altro cereale. Nel corso del processo digestivo le fibre solubili si dissolvono nell'acqua dando origine a una sostanza gelatinosa che si muove molto lentamente nel tratto gastrointestinale: questo fenomeno potrebbe spiegare perché il consumo di avena riduca l'assorbimento degli zuccheri, ovvero del glucosio, nel sangue, con evidenti vantaggi per i soggetti affetti da diabete di tipo 2 ma anche per tutti coloro che vogliono semplicemente prendersi cura della propria salute.

quinoa

Coltivata originariamente sulle pendici delle Ande, la quinoa era un tempo l'alimento base delle antiche popolazioni Inca: questa pianta era talmente nutriente ed essenziale per i guerrieri da conquistarsi il titolo di "oro degli Inca". Oggi coltivata in Bolivia, Ecuador, Cile e Stati Uniti, la quinoa è considerato il cereale più ricco di preziosi benefici per la nostra salute.

Cenni storici

Grazie alla sua eccezionale capacità di crescere anche dove il terreno è povero e arido, la quinoa iniziò a essere coltivata dagli Inca oltre 5000 anni fa. Questo cereale rivestiva un ruolo tanto importante nella vita delle popolazioni indigene che quando i Conquistadores spagnoli invasero il Nuovo Mondo distrussero i campi di quinoa, sapendo di minare così la base della loro sussistenza; inoltre, temendo che fosse proprio il cereale a dare ai guerrieri Inca la loro straordinaria potenza, gli spagnoli imposero il divieto di coltivarlo punendo con la morte ogni infrazione.

Per fortuna la quinoa cresceva anche in modo spontaneo sulle pendici delle Ande ed è riuscita, così, a non estinguersi. Negli anni '80 gli agricoltori del Nord America, venuti a conoscenza del suo straordinario valore nutrizionale e del suo sapore leggero e cremoso, iniziarono a coltivarla sulle Montagne Rocciose del Colorado; da allora il successo e la diffusione della quinoa sono in continuo aumento.

Descrizione

Sebbene sia considerata un cereale, la quinoa, nome scientifico *Chenopodium quino Willd.*, è in realtà un vegetale lontanamente imparentato con gli spinaci, la barbabietola rossa e le coste. I suoi semi sono piccoli, di forma ovale appiattita e di colore che va dal giallo al rosso, dal viola al nero. La varietà più comunemente impiegata nell'alimentazione umana è di colore giallo pallido semitrasparente.

La pasta di quinoa, priva di glutine, è oggi disponibile in vari formati e si sta diffondendo sempre più nei negozi di alimenti naturali e biologici.

La farina di quinoa è gustosa, priva di glutine e perfetta per sostituire la farina di frumento. Nei prodotti da forno può prendere il posto della farina raffinata, dimezzandone la dose, mentre se è utilizzata in sostituzione della farina integrale è necessario rispettare le dosi indicate nella ricetta. Essendo più ricca di grassi rispetto alla farina tradizionale, produce molta umidità durante la cottura e quindi è l'ideale per ottenere prodotti da forno morbidi e deliziosi.

I fiocchi di quinoa si ottengono dalla rollatura dei semi integrali di questa preziosa pianta e rappresentano una squisita alternativa ai fiocchi d'avena, o di altri cereali, solitamente impiegati per il muesli. È sufficiente immergerli in latte o acqua, calda o fredda a piacere, e lasciarli in ammollo per tre minuti, quindi aggiungere frutta fresca, frutta secca e miele per ottenere una deliziosa colazione. I fiocchi di quinoa possono essere aggiunti anche a zuppe, piatti in umido e sformati.

Metodo di preparazione

Prima di cucinare la quinoa, è necessario sciacquarla molto bene sotto l'acqua fredda corrente per rimuovere lo strato di saponina, una sostanza amara che potrebbe risultare irritante per il tratto digerente. Si aggiunge, poi, una parte di quinoa a due parti di acqua e si porta a ebollizione, quindi si abbassa la fiamma e si lascia cuocere coperta a fuoco lento fino a completo assorbimento del liquido: occorrono normalmente dieci minuti per cuocere la quinoa. Prima di servire, lasciar riposare per cinque minuti con il coperchio e quindi girare con una forchetta per separare i chicchi.

È possibile utilizzarla con ottimi risultati in sostituzione del riso nelle insalate fredde, negli sformati e nei ripieni.

Contenuto nutrizionale

La quinoa è una fonte eccellente di carboidrati, ma anche di proteine ad alto valore biologico, che apportano circa il 13-14% delle calorie totali di questo cereale e includono tutti gli aminoacidi essenziali, tra cui lisina, metionina e cistina.

Inoltre la quinoa è povera di grassi, ricca di fibre e rappresenta una buona fonte di vitamine del gruppo B e di minerali, tra cui ferro, magnesio, calcio e potassio. Naturalmente priva di glutine, è adatta per l'alimentazione di persone celiache e intolleranti al glutine.

Benefici per la salute

Ritenuto il cereale più nutriente tra quelli conosciuti, la quinoa è veramente in grado di migliorare la nostra salute dalla testa ai piedi. Per chi soffre di emicrania, incorporare la quinoa nella propria alimentazione può dare ottimi risultati: infatti il magnesio contenuto in questo minerale ha un'azione vasorilassante, in grado di ridurre la frequenza degli attacchi. È stato dimostrato che consumare quinoa aiuta a migliorare il metabolismo energetico delle cellule del cervello e dei muscoli e anche questo può tradursi in un minor numero di mal di testa.

L'elevato contenuto di fibre della quinoa aiuta inoltre a ridurre il colesterolo e l'ipertensione e sembra proteggere dal rischio di sviluppare calcoli biliari e malattie cardiovascolari. In breve, la quinoa è uno dei cibi perfetti dal punto di vista nutrizionale, da introdurre senz'altro nella propria alimentazione se si vogliono trarre numerosi benefici dal punto di vista sia del gusto sia della salute.

QUALCHE DATO

La quinoa è povera di grassi e ricca di fibre. Introdurla nella propria alimentazione può pertanto aiutare a ridurre il colesterolo e la pressione sanguigna, prevenendo così le malattie cardiovascolari.

•

La quinoa è una fonte completa di proteine a elevato valore biologico, che l'Organizzazione Mondiale della Sanità ha classificato di qualità pari a quelle del latte.

•

Per il suo ricco contenuto di magnesio, la quinoa può fornire un valido aiuto nel ridurre la frequenza degli attacchi di emicrania.

riso

In gran parte del mondo, il riso compare sulla tavola ogni giorno. Coltivato da oltre 6000 anni in Asia, questo cereale riveste un ruolo centrale non solo nell'alimentazione ma anche nella cultura di numerose popolazioni ed è talmente diffuso che in molte lingue il verbo "mangiare" deriva dall'espressione "mangiare riso".

QUALCHE DATO

Le fibre e il selenio presenti nel riso integrale possono aiutare a prevenire il tumore al colon.

•

Consumare riso integrale aiuta a ridurre i livelli di colesterolo e a mantenere stabile il glucosio nel sangue.

•

Una porzione di riso integrale fornisce l'88% della razione quotidiana raccomandata di manganese, un minerale che aiuta a controllare la glicemia.

•

Il riso è naturalmente privo di glutine e pertanto è perfetto anche per chi soffre di celiachia.

Cenni storici

L'antica cerimonia religiosa cinese incentrata attorno alla semina annuale del riso, da parte dell'Imperatore, testimonia l'estrema importanza che questo cereale aveva nel mondo antico. In molti Paesi ha ancora oggi una valenza simbolica: per esempio viene lanciato agli sposi dopo il matrimonio per augurare loro fertilità. Se il buddismo lo diffuse in Asia, sancendone l'importanza nutrizionale, religiosa e politica in tutto il continente, furono gli eserciti di Alessandro Magno a portare il riso in Europa, in seguito all'invasione dell'India. Nel XVII secolo questo cereale veniva ormai coltivato in Africa, Asia, Europa e Nord America; oggi, con circa 600 milioni di tonnellate prodotte ogni anno nel mondo, il riso non conosce rivali.

Descrizione

Per ottenere il riso bianco, sfortunatamente, gran parte del raccolto di ogni anno viene sottoposto a una complessa raffinazione meccanica nel corso della quale vanno perduti il germe e la crusca, che contengono la maggior parte delle fibre, delle proteine, delle vitamine e dei minerali del chicco: quel che resta è l'endosperma, composto per lo più da amido.

La forma più pura di riso è il riso integrale bruno (*Oryza Sativa*), dal quale sono state rimosse solo le glumelle non digeribili. Sebbene il riso bruno sia il riso integrale più diffuso, esistono in realtà anche varietà di riso integrale di colore rosso, nero e viola.

Il riso integrale a grani lunghi, comune nella cucina indiana e occidentale, tiene molto bene la cottura: si mantiene al dente e non si incolla in quanto è la varietà meno ricca di amido.

Il riso integrale a grani medi è più morbido e carnoso rispetto alla varietà a grani lunghi e viene utilizzato nella preparazione di sformati e torte di riso. È piuttosto diffuso nella cucina sudamericana e asiatica, dove è impiegato nella preparazione di zuppe o servito come contorno.

Il riso integrale a grani corti è una varietà particolarmente "appiccicosa" e per questo è fondamentale nella cucina giapponese, in particolare nella preparazione del sushi. Purtroppo i ristoranti spesso preferiscono usare riso bianco raffinato, che contiene solo una minima parte dei nutrienti originali.

Il riso integrale dolce (Mochigome) è consumato principalmente in Giappone, per sushi o dessert. Questa varietà molto glutinosa è ricca di proteine e veloce da cuocere (una volta pronto risulta quasi trasparente) ma, anche in questo caso, purtroppo si trova in commercio principalmente nella versione raffinata.

Il riso aromatico, tra cui spiccano il basmati indiano e il jasmine tailandese, è disponibile anch'esso sia nella versione integrale sia in quella raffinata. Il riso basmati, coltivato sulle pendici dell'Himalaya, ha grani lunghi dal sapore delicato che ricorda vagamente la noce, mentre il jasmine ha, come indica il nome, un sapore dolce molto particolare, che ricorda la fragranza del gelsomino.

Il riso integrale parboiled è un riso integrale precotto, molto pratico quando non si dispone di molto tempo per cucinare. Oggi vengono immesse sul mercato sempre nuove varietà di riso integrale che cuociono in pochi minuti.

Il riso selvatico (*Zizania aquatica*) è una specie distinta dal riso integrale: nonostante il nome comune, infatti, appartiene alla famiglia delle piante grasse. Cresce spontaneamente sulle rive dei fiumi nelle regioni umide del Nord America. Non essendo una varietà coltivata, il 60% del raccolto annuale va perduto, il che fa di questo "riso" una specialità per veri gourmet.

Metodo di preparazione

Per cucinare il riso integrale, aggiungere una parte di riso a due parti di acqua o brodo bollente. Quando il liquido torna a bollire, si abbassa la fiamma e si lascia cuocere coperto a fuoco basso per 35-45 minuti. È importante dosare attentamente il liquido per consentirne un completo assorbimento: se si esagera e occorre quindi scolare il riso, si perdono buona parte dei preziosi nutrienti del cereale.

Contenuto nutrizionale

Eccellente fonte di carboidrati, manganese, selenio, fosforo, magnesio e vitamine del gruppo B, il riso ha un valore nutrizionale elevato. Tuttavia, la macinatura e i processi di raffinazione che trasformano il riso integrale in riso bianco rimuovono la maggior parte di questi preziosi elementi, oltre a ridurre di quattro volte il contenuto di fibre insolubili per via dello scarto della crusca. Naturalmente privo di glutine, il riso è uno dei cereali più facili da digerire e pertanto è ideale per chi soffre di celiachia.

SUGGERIMENTI

Per ridurre drasticamente i tempi di cottura del riso integrale, mettere in ammollo una parte di riso in due parti di acqua per una notte e il giorno successivo cuocere il riso nell'acqua di ammollo stessa.

•

Per impedire ai chicchi di riso di incollarsi tra loro è sufficiente sciacquare il riso sotto l'acqua fredda prima di cuocerlo.

•

Chi è intollerante al glutine può utilizzare la farina di riso per preparare torte, biscotti e ogni tipo di dolce. La farina di riso può essere fatta anche in casa polverizzando finemente del riso integrale non cotto in un macinacaffè.

risotto di zucca con riso integrale e selvatico (*vedi pp. 140-141*).

Benefici per la salute

Studi scientifici hanno più volte confermato gli straordinari benefici del riso per la salute umana. Una porzione di riso integrale contiene l'88% del fabbisogno giornaliero raccomandato di manganese, un minerale che aiuta a controllare i livelli di glucosio nel sangue.

Poiché combina fibre insolubili e selenio, il riso integrale, consumato quotidianamente, può aiutare a prevenire il tumore al colon: le fibre insolubili riducono infatti il tempo di permanenza delle sostanze cancerogene del colon, mentre il selenio, è stato dimostrato, è in grado di inibire la propagazione delle cellule cancerogene.

Chi presenta un'elevata colesterolemia dovrebbe introdurre il riso integrale nella propria dieta: vari studi hanno infatti dimostrato che l'olio presente nella sua crusca riduce il colesterolo "cattivo" nel sangue; inoltre, il riso integrale aumenta i livelli sanguigni di acido nitrico, una molecola che contrasta la formazione di placche nelle arterie. In aggiunta, le fibre presenti nel riso integrale contribuiscono ad abbassare i livelli di colesterolo, oltre ad aiutare l'organismo a mantenere stabili i livelli di glucosio e a prevenire la formazione di calcoli biliari.

segale

La segale ha un ruolo importante nella dieta delle popolazioni nordiche, che la riducono in farina per la panificazione. In realtà è ottima anche in chicchi, come alternativa al riso, o in fiocchi per una colazione gustosa e nutriente. La segale cresce in zone troppo fredde o umide per altri cereali: oggi è coltivata principalmente in Russia, Canada, Polonia, Germania e Danimarca.

Cenni storici

Un tempo i contadini tedeschi consideravano la segale solo un'erba infestante, che cresceva in mezzo ai campi di frumento e orzo, ma fortunatamente presto ci si accorse di come questa pianta ostinata, che proliferava nonostante il clima rigido, producesse chicchi dal gusto unico e aromatico. In breve tempo la segale divenne un alimento fondamentale nella dieta quotidiana delle popolazioni dell'Europa orientale e dei Paesi scandinavi. In Finlandia ancora oggi al pane di segale viene data la forma di un disco appiattito con un foro centrale, un'usanza che risale al tempo in cui i pani venivano conservati infilati su pali di legno orizzontali appesi al soffitto delle fattorie. In Germania, il pane di segale si diffuse a tal punto che il termine tedesco per cena, ossia *abendbrot*, letteralmente significa "pane serale".

Descrizione

Conosciuta con il nome scientifico di *Secale cereale*, la segale ha un aspetto simile al frumento ma è coltivata in numerose varietà caratterizzate colori diversi, dal verde al marrone al giallo; la forma più diffusa è quella integrale o spezzata. Il glutine che contiene è diverso da quello del frumento e si comporta in modo diverso durante la lievitazione, consentendo di ottenere una pasta più densa ed elastica, che una volta cotta assume una consistenza più solida, compatta e umida.

Quando si acquista del pane di segale, dal tipico colore scuro, è importante leggere attentamente gli ingredienti per assicurarsi che sia fatto con farina di segale integrale e non con farina raffinata e successivamente colorata con melassa.

La segale integrale è la segale nella sua forma originaria. I chicchi si possono consumare come cereali cotti e aggiungere alla farina o a sformati di cereali misti.

La farina di segale è disponibile in diverse varietà: integrale, semibianca e bianca. A differenza di altri cereali, nel chicco di segale il germe e la crusca aderiscono così saldamente all'endosperma che, nonostante la macinatura, la farina conserva ancora queste due parti preziose, risultando più grezza e nutriente.

I fiocchi di segale sono i chicchi di segale integrale che sono stati schiacciati da rulli ("rollati") e possono essere consumati come muesli, aggiunti alle zuppe oppure all'impasto del pane, o infine cosparsi sulla superficie della forma di pane prima di infornarla.

Il pumpernickel è un pane tedesco lievitato fatto con un misto di farina di segale e chicchi di segale macinati grossolanamente, ma contiene anche della melassa che gli conferisce il tipico colore marrone scuro. È importante acquistare pumpernickel fatto rigorosamente solo con farina e chicchi di segale integrali.

Metodo di preparazione

Prima di cuocere la segale integrale, sciacquarla sotto l'acqua fredda corrente e quindi aggiungerne una parte a quattro parti di acqua bollente. Unire una presa di sale e riportare a ebollizione, poi abbassare la fiamma e lasciar cuocere a fuoco lento per un'ora. Per ottenere chicchi più teneri, lasciare in ammollo la segale per tutta la notte e quindi cuocerla nell'acqua dell'ammollo per diverse ore. Un'idea per un contorno diverso e saporito: saltare in poco olio di oliva i chicchi di segale cotti e quindi servirli come alternativa al riso.

La farina di segale può sostituire quella di frumento in qualsiasi ricetta. Al posto dei soliti cracker di farina bianca raffinata, provate quelli di segale: si tratta di prodotti tipici dei Paesi nordici, ma oggi diffusi anche nei supermercati italiani.

Contenuto nutrizionale

La segale è un'eccellente fonte di manganese, un minerale fondamentale per il buon funzionamento di molti processi enzimatici dell'organismo. È inoltre ricca di fibre, selenio, fosforo, magnesio e proteine. Contenendo glutine, la segale non è tuttavia adatta per i soggetti affetti da celiachia o intolleranti al glutine.

Benefici per la salute

Vari studi hanno dimostrato che per i soggetti diabetici il pane di segale rappresenta una scelta migliore rispetto a quello di frumento integrale in quanto induce una minore reazione insulinica. I risultati di alcune ricerche suggeriscono che non siano tanto le fibre presenti nel pane di segale a stabilizzare i livelli di glucosio nel sangue, quanto piuttosto i densi granuli di amido presenti in questo cereale, che formano una massa densa e spessa la quale rallenta la digestione aumentando i tempi di trasformazione dell'amido in zuccheri e garantendo livelli di insulina costanti.

Per quanto riguarda le donne in menopausa, è stato scoperto che una sostanza contenuta nei chicchi di segale può ridurre le vampate di calore e gli altri disagi legati alle variazioni ormonali: la segale contiene infatti fitoestrogeni, ossia sostanze vegetali molto simili agli estrogeni umani, in grado di imitarne il comportamento nell'organismo.

QUALCHE DATO

Il pane di segale è un alimento eccellente per i soggetti diabetici, in quanto stabilizza i livelli di insulina nel sangue.

•

Sembra che un consumo regolare di segale possa aiutare a ridurre le vampate di calore e gli altri sintomi associati alla menopausa.

•

La farina di segale conserva il germe e la crusca anche in seguito alla macinatura, e quindi offre tutti i nutrienti essenziali del cereale integrale.

•

La segale contiene glutine e pertanto non è adatta ai soggetti affetti da morbo celiaco o intolleranti al glutine.

sorgo

Noto anche con il nome di milo, il sorgo è da secoli un alimento base per i popoli dell'Asia e dell'Africa. Questa pianta tropicale, domesticata per la prima volta in Etiopia circa 6000 anni fa, è oggi il quinto cereale più diffuso al mondo ed è apprezzato da oltre un milione di consumatori per la sua straordinaria ricchezza di nutrienti.

QUALCHE DATO

Oltre a molte fibre il sorgo contiene calcio, potassio, ferro e niacina.

•

Cereale versatile, il sorgo può essere macinato per realizzare ottimi prodotti da forno, consumato sotto forma di chicchi integrali come alternativa al riso, soffiato per ottenere gustosi popcorn o fermentato nella preparazione della birra.

•

Privo di glutine, il sorgo è un alimento adatto anche ai celiaci.

•

Il sorgo è disponibile in numerose varietà e forme nei negozi di prodotti tipici africani e indiani.

Cenni storici

I contadini dell'Africa e dell'India coltivano il sorgo da secoli e, nel XIX secolo, questo cereale acquistò notorietà anche in Occidente sotto forma di sciroppo dolcificante: più economica da produrre rispetto allo zucchero di canna, la melassa di sorgo era comune fino alla fine della Prima Guerra Mondiale, quando il crollo dei costi di produzione dello zucchero raffinato determinò la sua scomparsa.

Descrizione

Il sorgo resiste alla siccità e pertanto prospera in condizioni climatiche difficili in ogni parte del mondo. Sebbene sia difficile trovarlo nei supermercati tradizionali, i negozi di prodotti tipici africani e indiani vendono spesso diverse varietà di prodotti derivati da questo cereale, tra cui pane, porridge e birra.

Metodo di preparazione

La farina di sorgo è molto leggera e quindi perfetta per essere mescolata ad altri cereali per preparare pizze, pane e altri prodotti da forno. Inoltre i chicchi di sorgo integrali sono ottimi sostituti di pasta o riso: è sufficiente aggiungere una parte di sorgo a due parti di acqua, portare a ebollizione e quindi lasciar cuocere a fuoco lento per 35-40 minuti.

Contenuto nutrizionale

Il sorgo è un cereale nutriente, caratterizzato da un elevato contenuto di fibre, calcio, potassio, fosforo, ferro e niacina. Oltre a carboidrati, contiene anche proteine e una piccola quota di grassi.

Benefici per la salute

Evidenze scientifiche dimostrano che dal punto di vista genetico il sorgo è più simile al mais che al frumento: infatti è naturalmente privo di glutine e, pertanto, può essere consumato in tutta sicurezza anche da soggetti intolleranti al glutine o affetti da morbo celiaco.

spelta

Sebbene le origini di questo cereale restino avvolte nel mistero, le prime tracce della coltivazione della spelta in Europa e nel Medio Oriente risalgono a circa 5000 anni fa. La spelta è un cereale molto apprezzato da tedeschi, svizzeri e austriaci grazie al suo sapore naturalmente dolce, che ricorda la noce, e alla consistenza più leggera rispetto ad altri cereali integrali.

Cenni storici

La spelta aveva una tale importanza, nell'Antichità, da essere citata nella Bibbia come uno dei sette cereali originali. I patrizi romani erano soliti distribuirne ai poveri in quello che è considerato il primo sistema assistenziale della storia. Con le grandi migrazioni in Europa, la sua coltivazione si diffuse rapidamente in nuove aree.

Descrizione

La spelta (*Triticum spelta*) è un ibrido di un'antenato del frumento e del farro, e combina il meglio di questi due cereali, superandoli addirittura per alcuni aspetti. A differenza del frumento, infatti, mantiene la crusca esterna che protegge il chicco da agenti inquinanti e la aiuta a conservare freschezza e potere nutritivo.

Metodo di preparazione

Essendo povera di glutine, la farina di spelta non lievita sempre in modo uniforme: sarà pertanto necessario fare delle prove variando le quantità di liquido indicate nelle ricette, oppure mescolarla a farine ricche di glutine per ottenere un risultato migliore. Per cuocere i chicchi di spelta integrali, lasciarli in ammollo tutta la notte, quindi scolarli e farli bollire (una parte di spelta in tre parti d'acqua). Una volta raggiunta l'ebollizione, abbassare la fiamma e lasciar cuocere per circa un'ora.

Contenuto nutrizionale

La spelta è un'eccellente fonte di fibre e vitamine del gruppo B, e contiene dal 10% al 25% di proteine in più rispetto al frumento. La presenza di un ridotto contenuto di glutine rende questo cereale inadatto a soggetti celiaci.

Benefici per la salute

La spelta è un'eccellente fonte di riboflavina, una vitamina necessaria per il corretto metabolismo energetico del sistema nervoso che sembra, pertanto, in grado di ridurre la frequenza degli attacchi di emicrania. L'elevato contenuto di fibre solubili presenti nella spelta ha inoltre il vantaggio di ridurre la colesterolemia.

QUALCHE DATO

La spelta è una vera miniera di elementi nutrizionali, tra cui fibre, vitamine del gruppo B e proteine.

•

Un consumo regolare di spelta può rendere meno frequenti gli attacchi di emicrania grazie all'elevato contenuto di riboflavina.

•

La spelta è ricca di fibre solubili che contribuiscono ad abbassare il colesterolo totale migliorando il rapporto tra colesterolo "cattivo" (LDL) e colesterolo "buono" (HDL).

•

L'agricoltura biologica ha trovato nella spelta un cereale resistente, che non richiede l'impiego di fertilizzanti.

teff

Caratterizzato da chicchi minuscoli ma ricchi di nutrienti, il teff è il cereale più piccolo del mondo: ne servono infatti circa 150 chicchi per eguagliare il peso di un solo chicco di frumento. Il suo nome deriva dalla parola che in amarico (la lingua ufficiale etiope) significa "perso", proprio per le dimensioni dei suoi chicchi che lo rendono così difficile da raccogliere.

Cenni storici

Coltivato per la prima volta in Etiopia tra il 4000 e il 1000 a.C., il teff rimane ancora uno degli alimenti di base della dieta tipica di questa regione: per esempio è usato per preparare l'*injera*, il tradizionale pane etiope. Questo cereale è giunto in Europa e Nord America solo di recente, ma si sta conquistando una rapida popolarità e sempre più spazio sugli scaffali di negozi di alimenti biologici e di specialità esotiche.

Descrizione

La pianta di teff cresce in regioni sia aride sia alluvionali. Ne esistono varietà con chicchi di colori diversi che vanno dal bianco al rosso intenso, dal marrone al viola: quelle a chicchi bianchi sono caratterizzate da un gusto delicato che ricorda quello delle castagne, mentre quelle più scure hanno un sapore più intenso, di nocciola.

Metodo di preparazione

Per preparare il teff, si aggiunge una parte di cereale a tre parti di acqua bollente. Una volta raggiunta l'ebollizione si abbassa la fiamma e si lascia cuocere a fuoco lento per 15-20 minuti, o fino a completo assorbimento dell'acqua. Al termine, si rimuove dal fuoco e si lascia riposare a tegame coperto per altri 5 minuti.

Contenuto nutrizionale

Il piccolo chicco di teff è composto per lo più da crusca e germe, nutrienti e ricchi di fibre, calcio, fosforo, ferro, rame e tiamina. Le sue proteine sono di altissimo valore biologico, dato che contengono più lisina di orzo e frumento. Il teff è inoltre povero di grassi e privo di glutine, dunque rappresenta un cereale ideale per i celiaci.

Benefici per la salute

Grazie al suo elevato contenuto di fibre, i ricercatori ritengono che il teff possa essere il cereale che contribuisce con maggiore efficacia a stabilizzare la glicemia. Uno studio recente suggerisce inoltre che una dieta ricca di teff (rispetto a quella tipica dei Paesi occidentali) possa ridurre l'incidenza del diabete di tipo 2.

QUALCHE DATO

Composto per lo più da crusca e germe, il chicco di teff è ricco di proteine, fibre e un'ampia gamma di vitamine e minerali.

•

Un consumo regolare di teff può aiutare a ridurre l'incidenza del diabete di tipo 2 grazie all'elevato contenuto di fibre.

•

Naturalmente privo di glutine, il teff è un cereale ideale per coloro che soffrono di celiachia.

•

Il teff crudo si può consumare come alternativa alle noci o ai semi di sesamo. Aggiunto a pancake, porridge o pane, conferisce un gusto particolare e incrementa l'apporto di fibre.

triticale

Incrocio tra frumento e segale, il triticale viene coltivato su scala commerciale solo da circa 80 anni. Attualmente, circa 6 milioni di acri nel mondo sono dedicati alla sua coltivazione: Cina, Francia, Polonia e Germania contribuiscono per il 90% alla produzione di questo straordinario cereale, che sta acquistando popolarità in modo graduale ma costante.

Cenni storici

Il triticale è un ibrido creato in laboratorio al fine di ottenere un cereale altamente proteico in grado di crescere dove il frumento non può essere coltivato: esso unisce, infatti, la capacità della segale di crescere anche in condizioni avverse con il contenuto altamente proteico e la resistenza alle malattie del frumento. I ricercatori hanno battezzato questo "grano miracoloso" fondendo proprio i nomi scientifici del *Triticum* (frumento) e della *Secale* (segale).

Descrizione

In commercio il triticale si trova sotto forma di farina, chicchi e fiocchi. La prima è un ottimo sostituto della farina di frumento, ma nella panificazione è importante lavorare poco l'impasto e farlo lievitare una sola volta per non interrompere il processo di fermentazione. I fiocchi bolliti sono ottimi a colazione, mentre i chicchi, carnosi e saporiti, sono perfetti sia come contorno sia come primo.

Metodo di preparazione

Lasciare in ammollo per tutta la notte una parte di chicchi di triticale in sei parti di acqua fredda. Per la cottura, aggiungere 240 ml di acqua e portare a ebollizione, poi abbassare la fiamma e lasciare cuocere per 45-60 minuti. Se lo si desidera, è possibile conservare i chicchi cotti in frigorifero, per 24 ore, prima di servirli.

Contenuto nutrizionale

Il triticale unisce i vantaggi nutrizionali dei cereali da cui deriva, ossia il frumento e la segale: è infatti povero di grassi e ricco di fibre, e rappresenta un'ottima fonte di carboidrati e proteine. Tuttavia, poiché contiene glutine, non è adatto ai celiaci.

Benefici per la salute

Il triticale non è ancora stato oggetto di studi scientifici approfonditi, ma si sa che è ricco di importanti nutrienti e che ha un contenuto di fibre elevato: pertanto rappresenta un prezioso alleato della nostra salute.

QUALCHE DATO

Il triticale è un cereale molto resistente e ricco di proteine, nato dall'incrocio di segale e frumento.

•

Cereale versatile che sta acquistando crescente popolarità, il triticale è oggi disponibile nei negozi di alimenti biologici sotto forma di farina, chicchi e fiocchi.

•

Il glutine del triticale è più delicato rispetto a quello del frumento: quando si fa il pane, si deve lavorare poco l'impasto e farlo lievitare una sola volta per non interrompere la fermentazione.

•

Poiché contiene glutine, non può far parte della dieta di soggetti celiaci.

frumento

È difficile immaginare un mondo senza frumento: acclamato come il "re dei cereali" è, insieme all'orzo, uno dei cereali più antichi coltivati dall'uomo e resta l'alimento base per eccellenza nella dieta quotidiana di numerose popolazioni. Per trarre il massimo giovamento dai suoi benefici nutrizionali, però, è importante consumare frumento integrale e non raffinato.

QUALCHE DATO

Il consumo di crusca di frumento può aiutare a ridurre i sintomi di diverticolite e stipsi, e appare correlato a un minor rischio di tumore alla mammella e al colon.

•

Povero di grassi, il frumento contiene aminoacidi essenziali in abbondanza ed è una fonte eccellente di fibre alimentari.

•

Le specie di frumento si classificano in varietà dure e tenere. Il grano duro dà una farina perfetta per la panificazione, mentre la farina di grano tenero è meno proteica e rappresenta una scelta migliore per preparare i dolci.

Cenni storici

Coltivato per la prima volta in Asia occidentale, in un'epoca distante quasi 10.000 anni, il frumento ha svolto un ruolo determinante nell'evoluzione del genere umano dalla condizione di cacciatore-raccoglitore nomade a quella di coltivatore stanziale. Gli antropologi ritengono che i primi uomini masticassero i chicchi di frumento crudi e che solo in seguito abbiano imparato a pestarli fino a ottenerne una farina, che mescolata con acqua permetteva di ottenere una specie di porridge. Le divinità del frumento greche, romane e sumere ci fanno intuire l'importanza che questo cereale aveva nelle culture antiche, come anche i reperti trovati in Cina, risalenti al 2800 a.C., che sono testimonianza di cerimonie in onore del frumento. Il primo tipo di pane di cui si abbia notizia era preparato nell'Antico Egitto quasi 6000 anni fa, con un impasto di frumento e orzo cotto in forni di argilla, e costituiva il fondamento della dieta degli Egizi.

Descrizione

Le diverse specie di frumento possono essere suddivise in varietà dure e tenere. Il grano duro dà una farina ideale per la panificazione e la produzione di pasta alimentare: il suo elevato contenuto di proteine (12-18%) le permette di assorbire quantità significative di acqua, consentendo all'impasto di gonfiarsi molto durante la lievitazione. Al contrario, invece, la farina di grano tenero è meno proteica (8-11%) e si presta alla produzione di torte, biscotti, cracker e cereali.

La farina di grano duro si distingue facilmente per il colore ambrato e per la grana più spessa. Si ottiene dalla varietà più resistente di frumento, caratterizzata da un contenuto elevato di proteine (14-16%) e di glutine, che la rende ideale per la produzione di pasta alimentare di qualità. Con la macinazione, l'endosperma frantumato grossolanamente dà la semola, una farina granulosa dal colore dorato che è priva di germe e crusca: per compensare la perdita di nutrienti, spesso ai prodotti in commercio sono aggiunti tiamina, riboflavina, niacina e folati; oggi, fortunatamente, sempre più produttori usano farina di grano duro integrale.

La farina di frumento integrale, ottenuta dalla macinatura dei chicchi di frumento interi, conserva il germe, la crusca e tutti i preziosi minerali, vitamine e fibre di cui il cereale è dotato in natura. È importante fare attenzione al momento dell'acquisto in quanto farine "arricchite", "sbiancate" o la semplice "farina di frumento" non hanno nulla a che vedere con la farina di frumento integrale. Lo stesso vale quando si acquistano prodotti già pronti: controllate che nell'elenco degli ingredienti il primo sia la farina di frumento integrale.

I chicchi di frumento sono i semi di questo cereale nella loro forma originale. Sono molto duri e possono avere colori diversi, dal bianco al rosso al viola. Sono un'aggiunta saporita con cui arricchire insalate e contorni in modo insolito e salutare.

Il bulgur è frumento precotto, ottenuto mediante cottura a vapore dei chicchi di frumento che, successivamente, sono essiccati, macinati e ridotti in piccoli pezzetti: procedimento che, in realtà, determina la perdita solo di una porzione minima della crusca esterna. Con il suo colore dorato e il sapore ricco, dal tipico aroma di noce, il bulgur offre un modo pratico e veloce per consumare frumento integrale. Ottimo sia da solo che come contorno, è disponibile in varie forme a seconda della dimensione dei pezzetti: grandi si cucinano solitamente come il riso per utilizzarli nella preparazione di pilaf e sformati, medi sono adatti come cereali per la prima colazione, mentre il bulgur fine è un ingrediente importante per numerosi piatti tipici, come per esempio il taboulè (una classica insalata della cucina mediorientale).

Il grano spezzato viene spesso confuso con il bulgur, mentre in realtà è composto da chicchi di frumento crudi macinati grossolanamente. A differenza del bulgur non è precotto e ha un gusto più delicato. Anch'esso è disponibile in forme diverse a seconda della dimensione dei pezzetti ed è spesso utilizzato per la preparazione di pilaf e sformati.

Metodo di preparazione

Suggerimenti dettagliati in merito alla sostituzione della farina bianca con farina integrale, più ricca di nutrienti, sono forniti alle pp. 78-79.

Prima di cuocere i chicchi di frumento integrali, sciacquarli molto bene sotto l'acqua fredda e quindi farne bollire una parte in tre parti d'acqua. Il frumento assorbe molto liquido e raddoppia di volume una volta cotto. Per ridurre i tempi di cottura, lasciare in ammollo i chicchi per una notte prima di cuocerli: invece di 45 minuti, così, dovrete aspettarne solo 25. Per fare ancora più in fretta, è possibile anche cuocere una parte di chicchi in due parti di acqua nel microonde per 15-18 minuti.

SUGGERIMENTI

Per sfruttare gli straordinari benefici nutrizionali del frumento integrale, è consigliabile sostituire la farina bianca con farina integrale per la preparazione di pane, dolci e pizza (*vedi a pp. 78-79*).

•

Nell'acquisto di prodotti a base di farina di frumento, è importante verificare che il primo ingrediente riportato sia la "farina di frumento integrale". Anche per quanto riguarda la pasta, è buona norma preferire quella fatta con grano duro integrale.

•

Per ridurre i tempi di cottura dei chicchi di frumento integrale, cuocere nel microonde per 15-18 minuti una parte di frumento in due parti di acqua.

french toast integrale
con salsa di mango e kiwi
(*vedi p. 90*).

Contenuto nutrizionale

Il frumento integrale contiene carboidrati e un'ampia gamma di nutrienti, tra cui calcio, ferro, vitamine del gruppo B, magnesio e fosforo. Povero di grassi, questo cereale contiene molti aminoacidi essenziali ed è un'eccellente fonte di fibre. Il contenuto di glutine lo rende inadatto a essere consumato da soggetti celiaci o intolleranti al glutine.

Benefici per la salute

Chiunque soffra di stipsi troverà grande sollievo da un consumo regolare di crusca di frumento. Vari studi suggeriscono infatti che inserendo nella propria dieta giornaliera 75 grammi di crusca di frumento è possibile ridurre significativamente i sintomi della diverticolite e della stitichezza cronica. Si ritiene inoltre che la crusca di frumento sia un valido aiuto nella prevenzione del tumore al colon, grazie alla sua capacità di ridurre la concentrazione di enzimi batterici e acidi della bile nelle feci. Di recente, inoltre, è stato dimostrato che le fibre insolubili presenti nella crusca di frumento riducono i livelli di estrogeni nel sangue, il che potrebbe essere correlato a una riduzione del rischio di tumore alla mammella.

la dieta

consigli e suggerimenti

La maggior parte della popolazione dei Paesi industrializzati consuma meno di una porzione di cereali integrali al giorno: è naturale che l'idea di passare a tre o più porzioni, come consigliano i nutrizionisti, possa sembrare un'impresa impossibile. Per questa ragione abbiamo messo a punto un programma alimentare articolato in quattro settimane che, attraverso gustose e invitanti ricette a base di cereali integrali, vi aiuterà a perdere peso in maniera naturale, graduale e costante nel tempo. Ecco allora alcuni consigli e suggerimenti che vi guideranno nel corso del prossimo mese.

Bevete molta acqua ed evitate la caffeina

Quando si aggiungono fibre alla propria alimentazione è consigliabile bere da sei a otto bicchieri di acqua al giorno per evitare meteorismo e stipsi. Sono da limitare, invece, le bevande contenenti caffeina: provate tè o caffè decaffeinati o, meglio ancora, una tisana; se vi aggiungete del latte, utilizzate quello scremato. Bevete succhi di frutta o di verdura esclusivamente nei giorni previsti dal programma.

Limitate l'assunzione di alcol

Evitate del tutto l'alcol nelle prime due settimane del programma e, nel corso della terza e della quarta, concedetevi al massimo una bevanda alcolica al giorno: scegliete tra 330 ml di birra, 175 ml di vino o 30 ml di superalcolico, aggiunto eventualmente a una bibita dietetica o a basso contenuto calorico.

Mangiate a orari regolari

Consumare i pasti sempre alla stessa ora vi aiuterà a mantenere costante la glicemia e a controllare la fame. Prendetevi il tempo di masticare e gustare il cibo.

Cucinate in modo sano e naturale

Eliminate sempre il grasso dalla carne prima di cuocerla e utilizzate pentole antiaderenti, riducendo la quantità di condimento necessario, dando sempre la preferenza a oli vegetali spremuti a freddo. Insaporite le pietanze con erbe aromatiche e spezie anziché con sale, in modo da limitare il consumo di sodio.

Vitamine e calcio

Assicurate all'organismo l'apporto di tutti i nutrienti necessari attraverso una dieta sana ed equilibrata, ricca di frutta e verdura; bevete inoltre ogni giorno latte scremato (oppure latte a ridotto contenuto di lattosio arricchito con calcio o latte di soia) in modo da assumere la giusta quantità di calcio.

Praticate regolare attività fisica
Ponetevi come obiettivo quello di arrivare a praticare tre ore di esercizio fisico alla settimana, ma iniziate gradualmente. Cercate di muovervi a piedi o in bicicletta più spesso ed evitate l'ascensore ogni volta che vi è possibile.

Al ristorante
Se al ristorante vi servono una porzione abbondante, non è necessario consumarla per intero: mangiate solo fino a quando siete soddisfatti. Cercate di consumare cereali integrali anche quando mangiate fuori casa (*vedi pp. 154-155*).

Cucina vegetariana
Potete sostituire la carne, nelle ricette, con un eguale quantitativo di proteine provenienti dal tofu o da altre fonti vegetali, con pesce o con tipi di carne diversi.

Viva la semplicità
Le ricette proposte sono state semplificate il più possibile e pertanto risultano molto facili da realizzare. Se, tuttavia, non volete cucinare tutti i giorni, potete moltiplicare le quantità e surgelare le porzioni aggiuntive, oppure preparare in anticipo un pasto per il giorno successivo. Se avete poco tempo o poche risorse a disposizione, attenetevi ai principi di base della dieta sostituendo alle ricette proposte piatti semplici e veloci. Per esempio, potete scaldare in padella un misto di verdure surgelate, eventualmente precotte, aggiungervi 30 grammi di proteine magre (del pollo senza pelle o del tofu) e 30 grammi del vostro cereale preferito. In alternativa, provate a condire 125 grammi di pasta di cereali integrali con un sugo realizzato con pomodoro, qualche dadino di prosciutto e verdure a piacere.

Gli ingredienti più difficili da trovare si possono sostituire con alimenti analoghi: qualsiasi tipo di cereale può essere rimpiazzato aumentando le quantità di un altro tipo richiesto dalla ricetta.

Per chi vuole semplicemente stare meglio
Se volete sfruttare i benefici offerti da un consumo regolare di cereali integrali, ma non avete bisogno di perdere peso, impegnatevi comunque a consumare le tre porzioni giornaliere raccomandate. A tale proposito, cercate qualsiasi modo per aggiungere più cereali integrali al vostro regime alimentare: per esempio, sostituite il pane bianco con quello di cereali integrali oppure utilizzate farina di cereali integrali, nelle vostre ricette, anziché la solita farina di frumento raffinata. Attenzione, tuttavia, a non esagerare con i cereali integrali e a non aggiungere troppe calorie alla vostra dieta: concludere ogni pasto con due o tre biscotti ai cereali integrali rischia di farvi mettere su qualche chilo senza che ve ne accorgiate. Infine è bene tenere sotto controllo le porzioni e, se siete abituati a fare uno spuntino tra un pasto e l'altro, fare in modo che sia a base di cereali integrali.

SUGGERIMENTI

Bere almeno 6-8 bicchieri di acqua al giorno.

•

Durante le prime due settimane del programma dietetico non è consentito bere alcol.

•

Nel corso della terza e della quarta settimana è ammessa una bevanda alcolica al giorno.

•

Svolgere attività fisica per almeno tre ore la settimana.

•

È bene limitare il consumo di sodio, insaporendo i cibi con erbe aromatiche o spezie anziché con sale.

•

Utilizzare pentole antiaderenti aiuta a ridurre il quantitativo di condimento e di calorie.

•

Se si fa uno strappo alla regola, è comunque consigliabile sostituire i soliti snack con spuntini a base di cereali integrali.

prima settimana

	lunedì	martedì	mercoledì
colazione	1 muffin di crusca d'avena con banane e noci (*vedi pp. 88-89*); 240 ml di latte scremato	225 g di porridge d'avena preparato con latte scremato; 2 cucchiai di uva sultanina	1 barretta a base di cereali integrali; ½ pompelmo; 100 g di yogurt magro
metà mattina	200 g di yogurt magro; 2 cucchiai di uva sultanina	1 mela; 2 cucchiai di noci	60 g di cereali integrali per la prima colazione non zuccherati con 240 ml di latte scremato
pranzo	1 porzione di zuppa d'orzo con zucchine e funghi (*vedi p. 91*); 6 cracker ai cereali integrali	1 sandwich integrale con insalata di tonno e quinoa (*vedi p. 111*) con 1 pomodoro a fette e 1 cucchiaio di maionese magra	1 porzione di insalata di bulgur con ceci e peperoni grigliati (*vedi pp. 104-105*); insalata verde condita con 1 cucchiaino di olio, limone e sale
cena	170 g di salmone grigliato; 150 g di riso integrale; fagiolini al vapore con mandorle; insalata condita con 1 cucchiaino di olio, limone e sale	1 porzione di fagioli rossi e spelta (*vedi p. 122*); peperoni verdi e rossi al vapore	170 g di pesce alla griglia con insalata di cipolle, peperoni e pomodori; 1 porzione di purè di cavolfiore e miglio (*vedi p. 131*); spinaci al vapore
dessert o snack	3 kiwi	1 fetta di melone retato	125 g di frutti di bosco freschi con yogurt magro

giovedì	venerdì	sabato	domenica
1 fetta di pane tostato ai cereali integrali con 2 cucchiai di marmellata a ridotto contenuto di zucchero; 240 ml di latte scremato	60 g di cereali integrali per la prima colazione non zuccherati con 240 ml di latte scremato; 1 pesca; 125 ml di succo d'arancia	1 omelette di 2 uova con verdure; 1 fetta di pane tostato ai cereali integrali; 2 salsicce di soia o vegetariane; 125 ml di succo centrifugato di verdura	2 pancake di grano saraceno ai mirtilli (*vedi pp. 82-83*) con 2 cucchiai di sciroppo d'acero; 125 ml di succo d'arancia
1 fetta di pane tostato ai cereali integrali con 2 cucchiai di formaggio magro spalmabile o ricotta	1 uovo sodo; 6 cracker ai cereali integrali; 1 cucchiaio di maionese a basso contenuto di grassi	30 g di mozzarella; 2 kiwi	2 focaccine d'avena con 1 cucchiaio di burro d'arachidi; ½ banana
1 porzione di insalata di pollo e amaranto con dragoncello e mandorle (*vedi p. 94*); 6 cracker ai cereali integrali	1 porzione di insalata di spaghetti di grano saraceno, carciofi e tofu (*vedi p. 95*)	115 g di hamburger di petto di tacchino con pane ai cereali integrali, senape e pomodori a fette	1 porzione di insalata di mais dolce e bulgur tostati con pomodorini (*vedi p. 98*); 1 fetta di pane morbido di segale (*vedi p. 143*)
125 g di pasta integrale condita con salsa di pomodori, capperi e funghi; insalata condita con 1 cucchiaino di olio, limone e sale	170 g di petto di pollo alla griglia; 1 porzione di risotto d'orzo con pomodoro fresco e feta (*vedi p. 130*); zucchine al vapore	115 g di filetto; 2 focaccine d'avena con formaggio di capra e prugne secche (*vedi p. 107*); pomodori a fette e avocado; broccoli al vapore	170 g di tonno alla griglia; 1 porzione di verza all'aglio e zenzero con quinoa e sesamo (*vedi p. 137*); piselli e carote al vapore
2 biscotti di fiocchi d'avena e uvetta (*vedi pp. 150-151*)	1 pesca nettarina	1 pesca a fette con 100 g di yogurt magro	2 manciate di popcorn

seconda settimana

	lunedì	martedì	mercoledì
colazione	1 porzione di muesli d'avena e cannella con yogurt, pesche e lamponi (*vedi pp. 86-87*); 125 ml di succo d'arancia	1 crêpe di grano saraceno con prosciutto e formaggio (*vedi p. 81*); ½ pompelmo; 240 ml di latte scremato	3 albumi strapazzati; 1 fetta di pane integrale tostato con un cucchiaino di burro; 125 ml di succo d'arancia
metà mattina	2 focaccine d'avena con 2 cucchiai di marmellata a ridotto contenuto di zucchero; ½ banana	1 barretta ai cereali integrali; 240 ml di latte scremato	1 mela; 6 cracker ai cereali integrali
pranzo	1 porzione di insalata di spinaci novelli, quinoa e pinoli tostati (*vedi pp. 100-101*); 6 cracker ai cereali integrali	2 polpette di amaranto e zucchine (*vedi p. 106*); 1 porzione di zuppa di miglio e zucca barucca (*vedi pp. 92-93*)	3 polpette alla mediorientale con salsa di pomodoro e cipolla (*vedi pp. 124-125*); sedano e carote in pinzimonio
cena	1 porzione di stufato di vitello con miglio, carotine e timo (*vedi pp. 128-129*); insalata di cetrioli condita con 1 cucchiaino di olio, limone e sale	170 g di pollo alla griglia con 1 porzione di pilaf di sorgo con peperoni dolci e pinoli (*vedi p. 136*); fagiolini al vapore	1 porzione di soba primavera ai gamberi (*vedi pp. 118-119*); insalata condita con 1 cucchiaino di olio, limone e sale
dessert o snack	30 g di mozzarella; 4 cracker ai cereali integrali	200 g di yogurt magro con 125 g di frutti di bosco freschi	2 manciate di popcorn

giovedì	venerdì	sabato	domenica
60 g di cereali integrali per la prima colazione non zuccherati con 240 ml di latte scremato; ½ banana	225 g di porridge d'avena preparato con latte scremato; 2 cucchiai di uva sultanina; 125 ml di succo d'arancia	2 fette di french toast integrale con salsa di mango e kiwi (*vedi p. 90*) con 2 cucchiai di sciroppo d'acero; 240 ml di latte scremato	1 uovo strapazzato; 1 porzione di rösti di patate rosse e mais dolce (*vedi p. 84*); 125 ml di succo centrifugato di verdura
6 cracker ai cereali integrali con 125 g di formaggio magro morbido o ricotta	2 prugne; 200 g di yogurt magro	2 clementine	200 g di yogurt magro; 35 g di uva sultanina
1 porzione di insalata di triticale e melanzana con arachidi (*vedi p. 99*); 1 fetta di pandolce di miglio con noci e banane (*vedi pp. 144-145*)	1 porzione di peperoni ripieni di quinoa e tacchino (*vedi p. 115*); insalata di pomodori e cetrioli con 2 cucchiaini di olio extravergine di oliva e aceto o *vinaigrette*	1 sandwich di pane integrale con insalata di tonno e quinoa (*vedi p. 111*) con lattuga, pomodoro e germogli	1 porzione di insalata greca di spelta, cetriolo, aneto e menta (*vedi pp. 102-103*); insalata con 2 cucchiaini di olio extravergine di oliva e aceto o *vinaigrette*
1 fetta di polpettone vegetariano di seitan e avena (*vedi p. 123*); insalata di pomodori, avocado, cipolla e basilico; broccoli al vapore	170 g di tonno alla griglia; 1 porzione di zuppa di miglio e zucca barucca (*vedi pp. 92-93*); 6 cracker ai cereali integrali	170 g di lonza di maiale; 1 porzione di insalata di bulgur con ceci e peperoni grigliati (*vedi pp. 104-105*); insalata con 1 cucchiaino di olio, limone e sale	1 porzione di pollo e amaranto alla marocchina (*vedi pp. 120-121*); 1 porzione di verdure e grano saraceno saltati (*vedi pp. 138-139*)
140 g di fragole fresche o surgelate	2 prugne	1 fetta di pandolce di miglio con noci e banane (*vedi pp. 144-145*)	1 porzione di composta croccante di pere e nocciole (*vedi pp. 152-153*); 2 cucchiai di yogurt alla vaniglia

terza settimana

	lunedì	martedì	mercoledì
colazione	60 g di cereali integrali per la prima colazione non zuccherati con 240 ml di latte scremato; 1 banana piccola a fette	1 porzione di muesli d'avena e cannella con yogurt, pesche e lamponi (*vedi pp. 86-87*); 125 ml di succo d'arancia	225 g di porridge d'avena preparato con latte scremato, 2 cucchiai di uvetta e 1 di sciroppo d'acero; 125 ml di succo d'arancia
metà mattina	2 focaccine d'avena con 1 cucchiaio di burro d'arachidi; 1 arancia	2 biscotti ai cereali integrali	225 g di macedonia di frutta fresca
pranzo	3 polpette alla mediorientale (*vedi pp. 124-125*) con 125 g di pasta integrale al pomodoro; insalata con 1 cucchiaino di olio, limone e sale	1 porzione di zuppa d'orzo con zucchine e funghi (*vedi p. 91*); 6 cracker ai cereali integrali	2 polpette di amaranto e zucchine (*vedi p. 106*); 1 porzione di zuppa di miglio e zucca barucca (*vedi pp. 92-93*)
cena	170 g di salmone alla griglia; 1 porzione di orzo con porri e finocchi (*vedi pp. 132-133*); asparagi al vapore	1 porzione di pollo e amaranto alla marocchina (*vedi pp. 120-121*); insalata di pomodori, cipolla e avocado; piselli e carote al vapore	1 fetta di polpettone vegetariano di seitan e avena (*vedi p. 123*); insalata di spinaci novelli, quinoa e pinoli tostati (*vedi pp. 100-101*)
dessert o snack	2 palline di sorbetto	2 pesche a fette con 100 g di yogurt naturale	1 fetta di pandolce di miglio con noci e banane (*vedi pp. 144-145*)

giovedì	venerdì	sabato	domenica
1 muffin di crusca d'avena con banane e noci (*vedi pp. 88-89*); 1 uovo sodo; 240 ml di latte scremato	60 g di cereali integrali per la prima colazione non zuccherati con 240 ml di latte scremato; 1 pesca	1 tortilla di mais integrale con avocado e salsa verde (*vedi p. 85*); ½ porzione di rösti di patate rosse e mais (*vedi p. 84*); ½ pompelmo; 240 ml di latte scremato	2 fette di french toast integrale con salsa di mango e kiwi (*vedi p. 90*) con 2 cucchiai di sciroppo d'acero; 240 ml di latte scremato
200 g di yogurt magro con 125 g di frutti di bosco freschi	1 banana piccola; 35 g di mandorle	1 uovo sodo; 6 cracker ai cereali integrali; 1 cucchiaio di maionese magra	2 clementine
1 porzione di insalata di mais dolce, orzo e rucola con formaggio di capra (*vedi pp. 96-97*); cavolfiore al vapore	1 sandwich di pane integrale con insalata di tonno e quinoa (*vedi p. 111*) con 1 cucchiaio di maionese a basso contenuto di grassi	2 strisce di pollo in crosta di mais al forno (*vedi pp. 112-113*); 1 fetta di focaccia di mais all'americana (*vedi p. 142*); bietole al vapore	1 porzione di insalata di mais dolce e bulgur tostati con pomodorini (*vedi p. 98*); 1 fetta di pane morbido di segale (*vedi p. 143*)
1 porzione di soba primavera ai gamberi (*vedi pp. 118-119*); insalata condita con 1 cucchiaino di olio, limone e sale	1 fetta di pizza integrale con spinaci e formaggio di capra (*vedi pp. 126-127*); insalata condita con 1 cucchiaino di olio, limone e sale	170 g di petto di pollo alla griglia; 1 porzione di risotto d'orzo con pomodoro fresco e feta (*vedi p. 130*); piselli al vapore	1 porzione di orzo con salsiccia di tacchino e scarola (*vedi p. 114*); insalata condita con 1 cucchiaino di olio, limone e sale
1 manciata di popcorn	1 fetta di melone retato	3 kiwi	1 mela a fette con 100 g di yogurt magro e muesli

quarta settimana

	lunedì	martedì	mercoledì
colazione	1 porzione di muesli d'avena e cannella con yogurt, pesche e lamponi (*vedi pp. 86-87*)	1 fetta di focaccia di mais all'americana (*vedi p. 142*); 1 uovo sodo; 240 ml di latte scremato	1 fetta di pandolce di miglio con noci e banane (*vedi pp. 144-145*) con 1 cucchiaio di burro d'arachidi; 240 ml di latte scremato
metà mattina	60 g di cereali integrali per la prima colazione non zuccherati con 240 ml di latte scremato	200 g di yogurt magro con 60 g di fragole fresche	30 g di mozzarella; ½ pompelmo
pranzo	1 porzione di zuppa d'orzo con zucchine e funghi (*vedi p. 91*); 2 polpette di amaranto e zucchine (*vedi p. 106*)	1 sandwich di pane integrale con insalata di tonno e quinoa (*vedi p. 111*) con insalata di lattuga, pomodori e germogli	2 crêpe di grano saraceno con formaggio di capra e pomodori secchi (*vedi p. 110*); 200 g di yogurt magro
cena	Riso integrale e selvatico al sesamo con contorno di salmone (*vedi pp. 116-117*); peperoni rossi e verdi al vapore	1 porzione di pollo e amaranto alla marocchina (*vedi pp. 120-121*); 1 porzione di pilaf di spelta e pistacchi agli agrumi (*vedi pp. 134-135*); spinaci al vapore	115 g di costata di manzo; 1 porzione di purè di cavolfiori e miglio (*vedi p. 131*); finocchi e cavolfiori al vapore
dessert o snack	1 arancia	2 biscotti di fiocchi d'avena e uvetta (*vedi pp. 150-151*)	125 g di frutti di bosco freschi con 2 cucchiai di yogurt magro alla vaniglia

giovedì	**venerdì**	**sabato**	**domenica**
1 fetta di french toast integrale con salsa di mango e kiwi (*vedi p. 90*) con 1 cucchiaio di sciroppo d'acero; 240 ml di latte scremato	1 uovo strapazzato; 1 porzione di rösti di patate rosse e mais dolce (*vedi p. 84*); 125 ml di succo centrifugato di verdura	1 porzione di porridge di amaranto (*vedi p. 80*); 2 albumi strapazzati con pomodori; 125 ml di succo d'arancia	1 crêpe di grano saraceno con prosciutto e formaggio (*vedi p. 81*); 240 ml di latte scremato
3 kiwi	2 cucchiai di mandorle; 200 g di yogurt magro	1 banana; 240 ml di latte scremato	1 fetta di torta di riso con frutti di bosco
115 g di petto di pollo alla griglia; 1 porzione di orzo con porri e finocchi (*vedi pp. 132-133*)	2 strisce di pollo in crosta di mais al forno (*vedi pp. 112-123*); 1 fetta di focaccia di mais all'americana (*vedi p. 142*)	1 fetta di polpettone vegetariano di seitan e avena (*vedi p. 123*); insalata di cetrioli, pomodori e basilico	Insalata di pollo servita su 1 fetta di pane morbido di segale (*vedi p. 143*); carote tagliate alla julienne; 200 g di yogurt magro
1 porzione di peperoni ripieni di quinoa e tacchino (*vedi p. 115*); insalata con 1 cucchiaino di olio, limone e sale; taccole al vapore	170 g di tonno alla griglia; 1 porzione di risotto di zucca con riso integrale e selvatico (*vedi pp. 140-141*); fagiolini al vapore	1 porzione di insalata di spinaci novelli, quinoa e pinoli tostati (*vedi pp. 100-101*); 2 focaccine d'avena con formaggio di capra e prugne secche (*vedi p. 107*)	3 costolette d'agnello; 1 pomodoro ripieno di bulgur aromatico e pinoli (*vedi pp. 108-109*); insalata di spelta, cetriolo, aneto e menta (*vedi pp. 102-103*)
1 mango con 200 g di yogurt magro	2 fette di anguria fresca	1 mela; 200 g di yogurt magro	1 fetta di crostata con cioccolato e burro d'arachidi (*vedi p. 148*)

le ricette

acquistare, conservare e cucinare i cereali integrali

La maggior parte dei cereali integrali si conservano a lungo, è quindi possibile farne una scorta da tenere in casa. Inoltre, se nei negozi di alimenti biologici non riuscite a trovare un particolare tipo di farina integrale, potete macinare i cereali integrali seguendo le istruzioni fornite di seguito.

Identificare e acquistare cereali integrali

Spesso può risultare difficile decodificare la terminologia di marketing riportata sulle confezioni e sulle etichette dei cibi pronti, pertanto è buona norma cercare di acquistate prodotti che siano stati elaborati il meno possibile. Accertatevi che nell'elenco degli ingredienti compaia la dicitura "integrale" di fianco al tipo di cereale, ad esempio "orzo integrale" o "avena integrale", l'ideale inoltre sarebbe che tale ingrediente fosse elencato per primo, in quanto ingrediente principale. Espressioni del tipo "100% avena" indicano solitamente che l'avena è l'unico cereale presente nel prodotto, ma non significano che si tratti di avena integrale. Analogamente, un prodotto etichettato come "multicereale", "ricco di fibre" o "con crusca" potrebbe non contenere necessariamente cereali integrali, bensì essere composto da un misto di cereali raffinati diversi. Anche il termine "macinato a pietra" non garantisce che il cereale sia integrale, poiché talvolta la crusca viene rimossa prima di sottoporre il cereale a questa particolare tecnica di macinatura. Non fidatevi nemmeno del colore di un alimento per determinare se è fatto con cereali integrali, in quanto il colore scuro potrebbe essere ottenuto attraverso l'impiego di coloranti artificiali o melassa, senza considerare che alcuni cereali integrali, come l'avena e l'amaranto, sono naturalmente chiari di colore. Se poi volete essere sicuri di utilizzare farina di cereali integrali, potete sempre prepararla da voi, macinando i cereali integrali in un macinacaffè fino a ottenere una polvere fine simile alla farina.

Conservare cereali integrali e farine

La maggior parte dei cereali integrali, se conservati in contenitori a chiusura ermetica riposti in frigorifero, può durare fino a sei mesi, e talvolta, come nel caso dell'orzo, fino a un anno. Alcuni cereali integrali, come l'orzo, la quinoa e il riso integrale, si conservano freschi per 6-12 mesi in luoghi freschi e asciutti. Se tuttavia vivete in un posto con un clima umido e caldo, conservate sempre i cereali integrali nel frigorifero o nel freezer.

La farina di grano saraceno si conserva per diversi mesi nel frigorifero, mentre la farina di miglio e quella di avena tendono a irrancidire rapidamente, pertanto è consigliabile acquistare i cereali interi e macinarli prima dell'utilizzo. Anche il mais tende a perdere rapidamente sapore: meglio cucinarlo e servirlo il prima possibile. Le pannocchie si conservano nel freezer fino a un anno: sbollentatele per otto minuti, fatele raffreddare e poi riponetele in sacchetti di plastica adatti per la congelazione, rimuovendo le brattee solo prima della cottura. Nel caso dei popcorn, conservate i chicchi di mais in contenitori a chiusura ermetica al riparo dalla luce diretta, per evitare così che perdano umidità e non scoppino più.

Cucinare prodotti da forno con farine senza glutine

Chi vuole evitare il glutine nella propria alimentazione può scegliere tra varie farine di cereali integrali. La farina di mais integrale, per esempio, è ideale per pane, muffin e biscotti, mentre la farina di grano saraceno, con il suo delicato sapore di noce, è adatta per pancake, crostate e pane. La farina di amaranto conserva i suoi nutrienti anche durante la lavorazione, mentre quelle di teff e di quinoa consentono di ottenere impasti morbidi e soffici. Le farine di miglio e di sorgo contengono vitamine e minerali che non alterano il sapore dell'impasto, mentre la farina di riso integrale è ottima per preparare pane e pizze dal sapore particolarmente delicato. Ricordate che le farine prive di glutine sono ideali per preparare pane non lievitato, come pancake e piadine, poiché il glutine rende l'impasto elastico consentendogli di aumentare di volume, ma senza sbriciolarsi. Per preparare del pane lievitato utilizzando la farina senza glutine è necessario aggiungere agli ingredienti della gomma xanthan o guar.

Cucinare prodotti da forno con farine contenenti glutine

Le farine integrali contenenti glutine possono essere utilizzate nella preparazione di diverse ricette, comprese quelle di pane e prodotti da forno a lievitazione. Per arricchirne il contenuto nutrizionale è sufficiente sostituire metà della farina bianca con farina integrale. Chi lo desidera, può sostituire totalmente la farina raffinata con una varietà integrale, tenendo presente che potrebbe ottenere impasti con un volume inferiore e una consistenza più grezza. Le farine di grano saraceno e di spelta sono le più versatili poiché offrono un'ampia varietà di nutrienti unita a un sapore delicato. La farina di orzo ha un sapore dolce e nocciolato, mentre quella di kamut ha un gusto ricco e burroso. Anche la farina di segale scura consente di ottenere un pane dalla consistenza compatta. Se invece si preferisce utilizzare la farina di triticale, è importante dimezzare il tempo per l'impasto così da non alterare la fermentazione (il pane di triticale richiede 5-10 minuti in più di cottura). La farina d'avena è ottima per biscotti, pancake e muffin; sebbene questo cereale sia privo di glutine, è coltivato nei campi di frumento, per questa ragione il suo consumo è sconsigliato alle persone allergiche al glutine.

porridge di amaranto

6 porzioni

ingredienti

750 ml di brodo di pollo, a ridotto contenuto di sale

175 ml di panna

1 cucchiaio di burro o margarina

195 g di amaranto

1 pizzico di sale marino fine

1 pizzico di pepe macinato fresco

2 cucchiai di erba cipollina fresca tritata (facoltativa)

cereali alternativi

Questo piatto può essere preparato anche con farina di mais integrale.
Chi desidera aggiungere del formaggio alla ricetta, può cospargere il tutto con una manciata di formaggio olandese grattugiato.

Cosparso con una spolverata di formaggio olandese e accompagnato a un paio di uova oppure, nella versione dolce, con un velo di zucchero di canna, questo cremoso porridge di amaranto è un piatto nutriente ed energetico, adatto per iniziare la giornata.

1 **In una casseruola** di medie dimensioni portare a ebollizione il brodo, aggiungervi la panna e il burro (oppure) la margarina e cuocere a fuoco medio.

2 **Aggiungere l'amaranto** senza smettere di mescolare; abbassare quindi la fiamma, coprire e lasciare cuocere per 25 minuti. Rimuovere il coperchio e proseguire la cottura per altri 10 minuti mescolando di tanto in tanto, fino a quando il composto non avrà raggiunto la consistenza desiderata. Togliere la casseruola dal fuoco e lasciare riposare per 5 minuti.

3 **Aggiungere sale e pepe** e per chi lo desidera, insaporire con l'erba cipollina tritata. Servire caldo.

analisi nutrizionale (per porzione): calorie totali 170; calorie da grassi 35; grassi totali 4 g; grassi saturi 1 g; colesterolo 0 mg; sodio 360 mg; carboidrati 24 g; fibre 5 g; proteine 7 g.

crêpe di grano saraceno con prosciutto e formaggio

6 porzioni (6 crêpe)

ingredienti

1 uovo

150 ml di latte freddo scremato

1 cucchiaio di burro o margarina fusa

35 g di farina di grano saraceno

35 g di farina non sbiancata

1 cucchiaio di olio di colza

1 cucchiaio di senape di Digione

6 fette di prosciutto cotto magro oppure di tacchino (tagliate a metà)

115 g di gruviera grattugiato o altro formaggio svizzero

½ cucchiaino di pepe macinato fresco

cereali alternativi

Per ottenere crêpe più scure e rustiche basterà seguire i suggerimenti di p. 82. Un'altra gustosa variante di questa ricetta prevede l'impiego di tortilla di grano saraceno da riempire, spennellare con dell'olio e far gratinare nel forno o passare in padella fino a quando il formaggio non risulterà fuso.

Per un momento di vero piacere "parigino" non vi è nulla di più invitante di una crêpe fumante appena sfornata. Un piatto ricco di proteine, oltre che un'ottima fonte di calcio, selenio e zinco, perfetto per una colazione o un brunch in una pigra domenica mattina.

1 **Versare l'uovo**, il latte, il burro (o la margarina) e le farine nel mixer, amalgamando il tutto alla massima velocità per un minuto, fino a ottenere un composto privo di grumi. Lasciare riposare la pastella coperta nel frigorifero per almeno un'ora.

2 **Spennellare con qualche goccia di olio** una padella antiaderente o una piastra per crêpe e scaldarla a fuoco medio. Versare 3 cucchiai di pastella nella padella distribuendoli uniformemente sul fondo. Cuocere per 1 minuto circa, fino a quando i bordi della crêpe inizieranno a staccarsi dalle pareti e il fondo comincerà a imbrunire. Rivoltare la crêpe e cuocerla sull'altro lato per 30 secondi. Spennellare nuovamente la piastra o la padella con dell'altro olio e ripetere il procedimento fino a esaurimento della pastella (si dovrebbero ottenere 6 crêpe). Preriscaldare il forno a 180 °C.

3 **Spennellare ciascuna crêpe** con della senape di Digione, distribuirvi 2 mezze fette di prosciutto, cospargere con formaggio e pepe. Ripiegare in due la crêpe, disporla in un'ampia pirofila e passarla in forno caldo per 5 minuti fino a quando il formaggio si sarà sciolto. Servire le crêpe ben calde.

analisi nutrizionale (per porzione): calorie totali 200; calorie da grassi 110; grassi totali 12 g; grassi saturi 4,5 g; colesterolo 75 mg; sodio 410 mg; carboidrati 8 g; fibre 1 g; proteine 14 g.

pancake di grano saraceno ai mirtilli

3 porzioni (6 pancake)

ingredienti

35 g di farina di grano saraceno (più un cucchiaio per infarinare i mirtilli)

35 g di farina non sbiancata

1 cucchiaino di lievito per dolci

1 cucchiaio di burro (appena tolto dal frigorifero e tagliato a tocchetti)

1 cucchiaio di miele d'acacia o di fiori d'arancio

1 uovo

90 ml di latte di soia aromatizzato alla vaniglia

115 g di mirtilli freschi o surgelati (in alternativa è possibile sostituire i mirtilli con dadini di mela verde)

Olio extravergine di oliva

1 cucchiaio di sciroppo d'acero, intiepidito (facoltativo)

cereali alternativi

Per ottenere un pancake più rustico, è possibile utilizzare soltanto farina di grano saraceno per un totale di 70 g.

La naturale dolcezza dei mirtilli si accompagna perfettamente al retrogusto di noce del grano saraceno. Insuperabili con mirtilli di stagione, i pancake possono però essere gustati tutto l'anno utilizzando frutti di bosco surgelati, per un pieno di antiossidanti e fibre!

1 **In una ciotola** di medie dimensioni versare 35 g di farina di grano saraceno, 35 g di farina bianca, il lievito, il burro e il miele, amalgamando il tutto con una forchetta o uno schiacciapatate.

2 **In una ciotola più grande** sbattere l'uovo con il latte di soia. Aggiungere il composto di farine e continuare a mescolare fino a ottenere un impasto omogeneo. Lasciare riposare per 5 minuti. Infarinare i mirtilli con un cucchiaio di farina di grano saraceno e aggiungerli all'impasto.

3 **Preriscaldare il forno** a 110 °C. Spennellare con qualche goccia di olio una padella antiaderente e scaldarla a fuoco medio.

4 **Versare 3 cucchiai di pastella** nella padella ben calda distribuendoli uniformemente sul fondo. Cuocere il pancake 2 minuti per lato, fino a quando avrà raggiunto un colore dorato, quindi trasferirlo nel forno per mantenerlo caldo. Servire i pancake ben caldi cosparsi, per chi lo desidera, con sciroppo d'acero intiepidito.

analisi nutrizionale (per porzione): calorie totali 190; calorie da grassi 60; grassi totali 6 g; grassi saturi 3 g; colesterolo 80 mg; sodio 220 mg; carboidrati 28 g; fibre 3 g; proteine 6 g.

rösti di patate rosse e mais dolce

4 porzioni

ingredienti

1 cucchiaio e ½ di olio extravergine di oliva

1 cipolla rossa piccola

1 peperoncino jalapeno piccolo senza semi

2 patate rosse grandi

125 g di mais dolce (surgelato o in lattina)

½ cucchiaino di sale fine e aglio in polvere

15 g di prezzemolo fresco a foglia grande tritato fine

cereali alternativi

Nel periodo della raccolta del mais dolce, è possibile utilizzare del mais fresco bollito al posto di quello surgelato o confezionato.

Questa deliziosa ricetta è un ottimo modo per consumare della verdura a colazione o in qualunque momento della giornata. Variante molto più salutare del tradizionale rösti, questo piatto presenta un contenuto inferiore di grassi e più fibre, vitamine C, B_6 e K e potassio.

1 **In una padella antiaderente** piuttosto grande, scaldare l'olio a fuoco medio. Una volta caldo, aggiungere la cipolla e il peperoncino jalapeno tritati finemente e lasciarli rosolare per 5 minuti.

2 **Unire le patate** (precedentemente bollite e tagliate a dadini) e il mais dolce, lasciando cuocere per altri 5 minuti, mescolando di tanto in tanto, fino a quando le patate risulteranno leggermente dorate.

3 **Insaporire con il misto** di sale e aglio e cospargere con il prezzemolo.

analisi nutrizionale (per porzione): calorie totali 210; calorie da grassi 50; grassi totali 6 g; grassi saturi 1 g; colesterolo 0 mg; sodio 135 mg; carboidrati 36 g; fibre 4 g; proteine 4 g.

tortilla di mais integrale con avocado e salsa verde

4 porzioni (4 tortilla)

ingredienti

4 tortilla di farina di mais integrale del diametro di 15 cm

Olio extravergine di oliva

2 uova

3 albumi

1 punta di cucchiaino di pepe nero macinato fresco

1 cucchiaino di olio di mais o extravergine di oliva

55 g di formaggio olandese grattugiato

½ avocado pelato e tagliato a cubetti

125 ml di salsa messicana verde o di pomodoro

2 cucchiai di coriandolo fresco tritato

cereali alternativi

In alternativa alle tortilla di mais è possibile utilizzare quelle a base di farina di frumento integrale. Entrambe ottime per realizzare questo piatto e altre ricette ispirate alla cucina messicana, come le quesadillas.

Le tortilla di mais sono uno dei modi più invitanti per consumare questo cereale. Iniziate la giornata con una ricetta classica della cucina messicana: nutriente e facile da realizzare, questo piatto oltre a essere un'ottima fonte di proteine, soddisferà anche i palati più esigenti.

1 **Preriscaldare** il forno a 230 °C. Per ottenere delle tortilla croccanti, spennellarne entrambe i lati con qualche goccia di olio, disporle sulla teglia del forno e cuocerle per 8 minuti (4 minuti per lato) fino a quando risulteranno croccanti. In alternativa, per chi preferisce delle tortilla più morbide, è sufficiente scaldarle seguendo le istruzioni presenti sulla confezione.

2 **Spennellare con qualche goccia** di olio una padella antiaderente e scaldarla a fuoco medio. Nel frattempo, in una ciotola sbattere le uova, gli albumi e il pepe. Quando l'olio è caldo, versare le uova nella padella e continuare a mescolare fino a quando saranno cotte.

3 **Disporre una porzione** di uova su ciascuna tortilla e distribuirvi sopra il formaggio e l'avocado, insaporire con sale e coriandolo. Servire le tortilla ancora calde.

analisi nutrizionale (per porzione): calorie totali 230; calorie da grassi 100; grassi totali 11 g; grassi saturi 3,5 g; colesterolo 115 mg; sodio 380 mg; carboidrati 26 g; fibre 4 g; proteine 14 g.

muesli d'avena e cannella con yogurt, pesche e lamponi

4 porzioni

ingredienti

85 g di fiocchi d'avena

30 g di mandorle a scaglie

2 cucchiai di germe di grano

2 cucchiai di semi di girasole sgusciati non salati

1 cucchiaino e ½ di cannella in polvere

3 cucchiai di miele d'acacia o di fiori d'arancio

250 g di pesche a dadini

475 ml di yogurt magro senza zucchero al gusto vaniglia o pesca

250 g di lamponi (freschi o surgelati)

cereali alternativi

Chi non desidera o non può consumare germe di grano, può sostituirlo con altri 25 g di fiocchi d'avena. È possibile preparare questa ricetta anche con altri tipi di frutta fresca oppure surgelata, come mirtilli o fragole.

Concedetevi un inizio di giornata all'insegna dell'energia con questo piatto sano, completo ed equilibrato, ricco di proteine, calcio, magnesio, ferro e zinco. Una volta provato, sarà difficile limitarsi soltanto alla prima colazione, trasformandolo in una fantastica alternativa per uno snack o un dessert.

1 **Preriscaldare** il forno a 160 °C.

2 **In una ciotola** di medie dimensioni mescolare i fiocchi d'avena, le mandorle, il germe di grano, i semi di girasole e la cannella. Aggiungere il miele continuando a mescolare, fino a ottenere un composto omogeneo.

3 **Distribuire il muesli** su una teglia antiaderente e infornare per 25 minuti, mescolando di quando in quando finché il composto avrà assunto un bel colore dorato. Togliere dal forno e lasciare raffreddare.

4 **Disporre le pesche** nelle scodelle e aggiungere lo yogurt, il muesli e i lamponi. Chi lo desidera, può dare spazio alla fantasia sperimentando varianti diverse con frutti e yogurt di tipi diversi.

analisi nutrizionale (per porzione): calorie totali 280; calorie da grassi 60 g; grassi totali 7 g; grassi saturi 0,5 g; colesterolo 0 mg; sodio 65 mg; carboidrati 47 g; fibre 5 g; proteine 10 g.

COLAZIONE

muffin di crusca d'avena con banane e noci

12 porzioni (12 muffin)

ingredienti

4 cucchiai di olio di mais o di colza

200 g di zucchero cristallizzato

2 uova

85 g di fiocchi d'avena

140 g di farina non sbiancata

25 g di crusca d'avena

1 cucchiaino di bicarbonato di sodio

1 punta di cucchiaino di sale marino fine

3 banane grandi ben mature

2 cucchiaini di estratto puro di vaniglia

45 g di noci tritate

Olio extravergine d'oliva

cereali alternativi

Anziché utilizzare esclusivamente farina bianca (non sbiancata), è possibile mescolare 90 g di farina bianca con 35 g di farina di frumento integrale. Un'alternativa alla crusca d'avena è costituita dalla farina di mais integrale.

Questi muffin perfettamente equilibrati dal punto di vista nutrizionale, sono poveri di grassi ma ricchi di gusto. Le vitamine e i minerali presenti nell'avena forniscono l'energia necessaria per iniziare alla grande la giornata, mentre le fibre aiutano a prolungare il senso di sazietà.

1 **Preriscaldare** il forno a 180 °C. In una terrina capiente sbattere le uova con lo zucchero e l'olio.

2 **In un altro recipiente** mescolare i fiocchi d'avena, la crusca, la farina, il bicarbonato di sodio e il sale, versare il tutto nella terrina delle uova e con un cucchiaio grande amalgamare per bene tutti gli ingredienti. Aggiungere la polpa di banana schiacciata e l'estratto di vaniglia e continuare a mescolare fino a ottenere un composto omogeneo.

3 **Oliare leggermente** 12 stampini antiaderenti oppure l'apposita teglia per muffin e con un cucchiaio versare il composto negli stampini o nei fori della teglia, riempiendoli fino a un quarto della loro altezza. Distribuire le noci tritate sulla superficie.

4 **Infornare i muffin** a metà forno e cuocerli per 25 minuti, fino a quando avranno assunto un bel colore dorato (introducendo uno stuzzicadenti, questo uscirà asciutto e pulito). Togliere i muffin dal forno e lasciarli raffreddare 10 minuti su una gratella. Estrarli dagli stampi e riporli nuovamente sulla gratella fino a quando saranno completamente raffreddati.

analisi nutrizionale (per porzione): calorie totali 220; calorie da grassi 70; grassi totali 8 g; grassi saturi 1 g; colesterolo 35 mg; sodio 170 mg; carboidrati 36 g; fibre 2 g; proteine 4 g.

french toast integrale con salsa di mango e kiwi

COLAZIONE

4 porzioni

ingredienti

2 uova

4 albumi

90 ml di latte di soia aromatizzato alla vaniglia

90 ml di succo di albicocca oppure 60 ml di spremuta d'arancia fresca mescolati a 2 cucchiai di marmellata di albicocca

8 fette di pane ai cereali integrali

1 mango di media grandezza

2 kiwi di grandezza media

1 cucchiaio di sciroppo d'acero

4 cucchiaini di burro

cereali alternativi

Questa ricetta può essere preparata con diversi tipi di pane integrale, non solo di farina di frumento, ma anche di farina d'avena. Per ridurre l'apporto calorico, utilizzate sciroppo d'acero senza zucchero o "light" e sostituite al burro dell'olio extravergine d'oliva.

Un altro nome per questa ricetta ideale per la prima colazione potrebbe essere "Toast tropicale". Il mango e il kiwi forniscono il 100% del fabbisogno giornaliero di vitamina C, ma questo piatto è anche una vera miniera di vitamina B, selenio e manganese, oltre che di fibre.

1 **In un recipiente** di medie dimensioni sbattere le uova, gli albumi, il latte di soia e il succo di albicocca o la spremuta di arancia unita alla marmellata di albicocca. Disporre le fette di pane in una o più teglie da forno in modo da coprirne totalmente la superficie. Distribuire il composto inzuppando le fette su entrambi i lati. Coprire con della pellicola da cucina e riporre in frigorifero per almeno 30 minuti, meglio per un'intera notte.

2 **Nel frattempo**, in una scodella di dimensione ridotta preparare la salsa mescolando delicatamente il mango e il kiwi (precedentemente sbucciati e tagliati a cubetti) con lo sciroppo d'acero.

3 **In una padella antiaderente** abbastanza capiente e con il fondo piatto, far sciogliere a fuoco medio un cucchiaino di burro. Aggiungere le fette di pane facendole abbrustolire 2 minuti per lato fino a quando saranno dorate su entrambi i lati (all'occorrenza aggiungere eventualmente dell'altro burro).

4 **Disporre** le fette di pane su un piatto. Al momento di servire distribuire su ciascuna fetta 3 cucchiai di salsa e guarnire con sciroppo d'acero, a piacere.

analisi nutrizionale (per porzione): calorie totali 270; calorie da grassi 70; grassi totali 8 g; grassi saturi 1,5 g; colesterolo 110 mg; sodio 340 mg; carboidrati 42 g; fibre 7 g; proteine 12 g.

zuppa d'orzo con zucchine e funghi

6 porzioni

ingredienti

- 2 cucchiai di olio extravergine d'oliva
- 1 cipolla bianca grande
- 2 spicchi d'aglio tritati fini
- 1,8 l di brodo di manzo a ridotto contenuto di sale
- 1 foglia d'alloro
- 200 g di orzo perlato
- 225 g di funghi champignon freschi
- 1 zucchina di medie dimensioni
- 1 cucchiaino di timo fresco tritato
- 2 cucchiai di prezzemolo fresco tritato

cereali alternativi

Questa zuppa è ottima anche con orzo mondo integrale. In tal caso, i tempi di cottura aumentano a un'ora e mezza ed è necessaria una quantità superiore di brodo..

Questa zuppa di orzo e verdure vi lascerà piacevolmente sazi e risulterà ancora più gustosa e ricca di nutrienti se realizzata con zucchine di stagione. Una vera miniera di fibre, vitamine C e K, e di minerali come selenio, potassio e manganese.

1 **In una pentola** o in una casseruola capiente scaldare l'olio a fuoco medio. Far soffriggere la cipolla affettata in modo sottile per circa 5 minuti, quindi unire l'aglio (tritato finemente) e farlo rosolare per un altro minuto.

2 **Aggiungere il brodo**, 475 ml di acqua, la foglia d'allora e l'orzo e portare a ebollizione a fuoco alto. Quando bolle, abbassare la fiamma, coprire e lasciare cuocere a fuoco vivo per 50 minuti fino a quando l'orzo sarà diventato tenero. Rimuovere la foglia d'alloro.

3 **Unire i funghi** (affettati sottilmente), la zucchina (tagliata in senso longitudinale e poi affettata in modo sottile) e il timo e far cuocere per 8 minuti senza togliere il coperchio fino a quando le verdure saranno tenere. Se necessario, aggiungere dell'altro brodo per ottenere la consistenza desiderata.

4 **Servire la zuppa** in scodelle e cospargere con prezzemolo tritato.

analisi nutrizionale (per porzione): calorie totali 230; calorie da grassi 60; grassi totali 7 g; grassi saturi 1,5 g; colesterolo 0 mg; sodio 105 mg; carboidrati 32 g; fibre 6 g; proteine 11 g.

zuppa di miglio e zucca barucca

8 porzioni

ingredienti

1,3 l di brodo vegetale o di pollo a ridotto contenuto di sale

150 g di miglio

1 zucca barucca di dimensioni medie tagliata a cubetti

240 ml di latte di soia

1 punta di cucchiaino di salsa di peperoncino piccante

1 pizzico di sale

3 cucchiai di erba cipollina fresca tritata

cereali alternativi

Sostituendo il miglio con l'amaranto, si ottiene una versione altrettanto deliziosa di questa zuppa, ma dalla consistenza più cremosa.

Il miglio è uno dei cereali più antichi conosciuti dall'uomo. In questa ricetta il contrasto tra la cremosità della zucca e la sensazione data dai granelli di miglio crea un abbinamento insolito che soddisfa, oltre al palato, il 400% del fabbisogno giornaliero di vitamina A e il 70% di quello di vitamina C.

1 **In una pentola** o in una casseruola piuttosto capiente, portare a ebollizione il brodo. Aggiungere il miglio e lasciar cuocere a fuoco medio, senza togliere il coperchi, per 30 minuti, fino a quando il miglio sarà ben cotto.

2 **Aggiungere la zucca** (sbucciata, privata dei semi e tagliata a cubetti) e il latte di soia, mescolare e proseguire la cottura a fuoco medio per altri 30 minuti, fino a quando la zucca sarà tenera.

3 **Frullare il composto** direttamente nel tegame utilizzando un mixer a immersione. In alternativa, lasciare intiepidire il composto, versarlo nel bicchiere del mixer, frullare fino a ottenere una sorta di purè, quindi versarlo nuovamente nella casseruola.

4 **Se necessario, aggiungere** dell'altro brodo per conferire alla zuppa la consistenza desiderata. Rimettere sul fuoco, aggiungere la salsa al peperoncino piccante e il sale. Servire la zuppa in scodelle cosparse con erba cipollina.

analisi nutrizionale (per porzione): calorie totali 180; calorie da grassi 10; grassi totali 1 g; grassi saturi 0 g; colesterolo 0 mg; sodio 410 mg; carboidrati 39 g; fibre 6 g; proteine 7 g.

insalata di pollo e amaranto con dragoncello e mandorle

4 porzioni

ingredienti

60 g di amaranto

340 g di petto di pollo lessato o arrosto

1 gamba di sedano

45 g di cipolla

90 ml di panna acida a ridotto tenore di grassi

2 cucchiai di maionese magra

2 cucchiai di yogurt naturale magro

1 cucchiaio di aceto di mele

1 cucchiaio di dragoncello fresco tritato

1 presa di sale (facoltativo)

4 foglie di lattuga romana o altro tipo di lattuga

25 g di scaglie di mandorle tostate

cereali alternativi

La quinoa e il miglio sono ottime alternative all'amaranto per la preparazione di questa insalata.

L'amaranto, grazie alla sua consistenza particolare, che ricorda quella del caviale, rende questa insalata di pollo assolutamente unica. Un piatto ricco di proteine, niacina, vitamina B_6, selenio e magnesio, da provare accompagnato con fette di pane tostate ai cereali integrali.

1 **In una casseruola** piccola portare a ebollizione 240 ml di acqua e l'amaranto. Quando bolle, abbassare la fiamma e lasciar cuocere coperto per 15 minuti a fuoco medio-basso. Quando l'amaranto è tenero, rimuoverlo dal fuoco e lasciarlo riposare per 5 minuti, senza togliere il coperchio. Trasferirlo quindi in una scodella e lasciarlo raffreddare.

2 **In un'altra terrina**, mescolare il pollo (lessato o arrostito, privato di pelle e ossa e tagliato a dadini), il sedano e la cipolla tagliati in modo sottile.

3 **Unire all'amaranto** la panna acida, la maionese, lo yogurt, l'aceto e il dragoncello, versare quindi il contenuto dell'altra ciotola e riporre nel frigorifero per almeno 30 minuti prima di servire, in modo da consentire ai sapori di amalgamarsi. Aggiungere un pizzico di sale.

4 **Servire una porzione** di insalata di pollo e amaranto su una foglia di lattuga cospargendo il tutto con scaglie di mandorle.

analisi nutrizionale (per porzione): calorie totali 240; calorie da grassi 80; grassi totali 8 g; grassi saturi 1,5 g; colesterolo 45 mg; sodio 150 mg; carboidrati 19 g; fibre 4 g; proteine 22 g.

insalata di spaghetti di grano saraceno, carciofi e tofu

6 porzioni

ingredienti

90 ml di aceto di riso

2 cucchiai di scalogno

225 g di soba essiccata (spaghetti giapponesi di grano saraceno)

1 cucchiaio e ½ di olio extravergine d'oliva

170 g di cuori di carciofo (freschi, surgelati o in scatola)

200 g di tofu naturale tagliato a dadini

20 g di basilico fresco tritato fine (più qualche foglia per guarnire)

3 cucchiai di pinoli tostati

1 pizzico di sale marino fine

cereali alternativi

Questa ricetta può essere realizzata con vari tipi di pasta, tra cui linguine, fettuccine, tagliatelle o spaghetti di frumento integrale.

Una ricetta molto nutriente, che ha tutto ciò che si può chiedere a un'insalata di pasta per soddisfare il palato, la vista e la salute. Questa ricetta è caratterizzata da un buon quantitativo di proteine e da un'ampia gamma di minerali. I pinoli conferiscono poi una nota del tutto particolare.

1 **In una ciotolina** mescolare l'aceto e lo scalogno tritato finemente.

2 **Cuocere la soba** in abbondante acqua bollente, riducendo di circa 1 minuto i tempi di cottura riportati sulla confezione (in modo da lasciarla al dente). Scolarla e versarla in un recipiente, quindi condirla con un cucchiaio di olio, il misto di aceto e scalogno e i cuori di carciofo (affettati in modo sottile) e lasciarla raffreddare.

3 **Nel frattempo**, scaldare l'olio restante in una padella antiaderente a fuoco medio, aggiungere il tofu tagliato a cubetti e farlo rosolare per 10 minuti fino a quando sarà dorato.

4 **Aggiungere i cubetti di tofu**, il basilico e i pinoli alla pasta, salare e servire a temperatura ambiente guarnendo con qualche foglia di basilico.

analisi nutrizionale (per porzione): calorie totali 240; calorie da grassi 80; grassi totali 9 g; grassi saturi 1 g; colesterolo 0 mg; sodio 540 mg; carboidrati 33 g; fibre 2 g; proteine 11 g.

insalata di mais dolce, orzo e rucola con formaggio di capra

6 porzioni

ingredienti

100 g di orzo perlato

2 mazzetti di rucola tritata grossolanamente

170 g di mais dolce fresco (in mancanza, va bene anche del mais bollito o arrostito, surgelato o in lattina)

15 g di erba cipollina fresca tritata

2 cucchiai di olio extravergine d'oliva

3 cucchiai di aceto di mele

3 cucchiai di scalogno tritato fine

2 cucchiaini di senape di Digione

1 presa di sale marino fine

1 pizzico di pepe nero macinato fresco

85 g di formaggio di capra magro sbriciolato

cereali alternativi

La spelta o il triticale conferiscono a questa insalata una consistenza simile a quella dell'orzo.

Perfetta per un picnic, un brunch o una cena fredda, questa insalata è ancora più gustosa e nutriente se realizzata con mais dolce. L'orzo aumenta il contenuto di fibre, mentre la rucola conferisce una particolare nota acidula. Da provare con pannocchie cotte sul barbecue.

1 **In una casseruola** di dimensione media portare a ebollizione 500 ml di acqua e l'orzo. Quando bolle, abbassare la fiamma, coprire e cuocere a fuoco medio-basso per 45 minuti, fino a quando l'orzo si sarà ammorbidito (pur essendo ancora al dente). Togliere dal fuoco e lasciare riposare per 10 minuti senza togliere il coperchio. Trasferire l'orzo in un recipiente e lasciarlo raffreddare (questa operazione può essere fatta anche il giorno prima).

2 **In una terrina** piuttosto capiente mescolare l'orzo, la rucola, il mais e l'erba cipollina.

3 **In una ciotolina** sbattere l'olio, l'aceto e la senape, unirvi lo scalogno e versare il condimento sull'insalata.

4 **Aggiungere sale e pepe** e cospargere con il formaggio di capra sbriciolato.

analisi nutrizionale (per porzione): calorie totali 170; calorie da grassi 60; grassi totali 7 g; grassi saturi 2 g; colesterolo 0 mg; sodio 110 mg; carboidrati 23 g; fibre 5 g; proteine 5 g.

insalata di mais dolce e bulgur tostati con pomodorini

4 porzioni

ingredienti

100 g di bulgur medio

240 ml di passata di pomodoro

1 cucchiaio di olio extravergine d'oliva

125 g di mais dolce fresco (in mancanza, va bene anche del mais bollito o arrostito sulla pannocchia e fatto raffreddare, surgelato o in lattina)

115 g di pomodorini ciliegia (½ tagliati a fette sottili e ½ tagliati in due)

15 g di erba cipollina fresca tritata

15 g di basilico fresco tritato

2 cucchiai di aceto di vino rosso invecchiato

1 cucchiaino di pepe nero macinato fresco

cereali alternativi

La quinoa è perfetta per questa insalata. In alternativa, è possibile fare del mais dolce l'ingrediente principale della ricetta, eliminando il bulgur e la passata di pomodoro e utilizzando 325 g di mais dolce.

Questa insalata è estremamente nutriente grazie all'elevato contenuto di vitamina A, C e K, oltre che di magnesio e fibre. Il bulgur tostato conferisce al piatto un retrogusto di noce particolarmente deciso; chi preferisse un sapore più dolce, può tostare o addirittura caramellare il mais.

1 **In una padella antiaderente** piuttosto ampia, tostare il bulgur per 6 minuti a fuoco medio, mescolando di quando in quando, fino a che il cereale comincia ad assumere un colore dorato.

2 **Aggiungere la passata** di pomodoro e 125 ml di acqua e portare a ebollizione, poi abbassare la fiamma, coprire e cuocere a fuoco medio per 5 minuti. Togliere dal fuoco e lasciar riposare per 10 minuti, sempre a padella coperta. Trasferire il bulgur in una scodella e lasciarlo raffreddare.

3 **In una padella antiaderente** scaldare l'olio a fuoco medio-alto, quindi farvi rosolare il mais dolce per 2 minuti, fino a quando avrà assunto un bel colore dorato. Togliere dalla padella e lasciar raffreddare.

4 **Unire al bulgur** il mais, i pomodorini a fette, l'erba cipollina, il basilico e l'aceto mescolando il tutto delicatamente. Aggiungere il pepe e servire decorando con i pomodorini tagliati a metà.

analisi nutrizionale (per porzione): calorie totali 160; calorie da grassi 35; grassi totali 4 g; grassi saturi 0,5 g; colesterolo 0 mg; sodio 170 mg; carboidrati 29 g; fibre 6 g; proteine 5 g.

insalata di triticale e melanzana con arachidi

4 porzioni

ingredienti

25 g di chicchi di triticale

4 melanzane piccole

½ lime spremuto (circa 3 cucchiai di succo)

3 cucchiai di scalogno affettato finemente

2 cipollotti affettati finemente (sia la parte bianca sia quella verde)

2 cucchiai di coriandolo fresco tritato (più qualche ciuffo per guarnire)

1 cucchiaio di salsa a base di peperoncino e aglio

1 cucchiaio di miele d'acacia o di fiori d'arancio

2 cucchiaini di salsa di soia naturale a ridotto contenuto di sale

2 cucchiai di arachidi tostate non salate tritate grossolanamente

cereali alternativi

La spelta ha una consistenza abbastanza simile a quella del triticale e può quindi essere impiegata per realizzare questa insalata di ispirazione giapponese, seguendo la medesima procedura.

Poco conosciuto e spesso difficile da trovare, il triticale è un'eccellente fonte di fibre oltre che di vitamine e minerali. Se il vostro negozio di alimenti biologici ne è sprovvisto, potete preparare questa insalata utilizzando della spelta: il risultato sarà comunque ottimo.

1 **In una casseruola** piccola portare a ebollizione 475 ml di acqua e il triticale. Quando bolle, abbassare la fiamma, coprire e cuocere a fuoco medio-basso per 1 ora, fino a quando i chicchi non risulteranno teneri, ma ancora al dente. Togliere dal fuoco e lasciare riposare per 10 minuti, senza togliere il coperchio. Trasferire il triticale in un recipiente e lasciarlo raffreddare.

2 **Preriscaldare** il forno a 200 °C. Avvolgere ciascuna melanzana in un po' di pellicola di alluminio e cuocerle per 20 minuti in forno, fino a quando risulteranno tenere. Toglierle dal forno e lasciar raffreddare.

3 **Nel frattempo**, in un recipiente di medie dimensioni mescolare il succo di lime, lo scalogno, il cipollotto, il coriandolo, la salsa di peperoncino e aglio, il miele e la salsa di soia. Dividere a metà la melanzane in senso longitudinale, quindi tagliare ogni metà in 2 o 3 fette e successivamente in cubetti della dimensione di un boccone. Versare le melanzane e il triticale nel recipiente insieme al condimento e mescolare il tutto accuratamente in modo che si insaporisca.

4 **Prima di servire**, guarnire con arachidi tostate e ciuffi di coriandolo.

analisi nutrizionale (per porzione): calorie totali 140; calorie da grassi 25; grassi totali 3 g; grassi saturi 0 g; colesterolo 0 mg; sodio 210 mg; carboidrati 27 g; fibre 7 g; proteine 5 g.

insalata di spinaci novelli, quinoa e pinoli tostati

6 porzioni

ingredienti

140 g di quinoa

1 limone spremuto (circa 3 cucchiai di succo)

3 cucchiai di olio extravergine d'oliva

1 pizzico di sale marino fine

60 g di spinaci novelli freschi

30 g di formaggio feta sbriciolato

3 cipollotti tagliati a rondelle sottili (circa 55 g)

55 g di pomodori ciliegini tagliati in quattro

3 cucchiai di menta o basilico fresco tritato fine (o un misto dei due)

3 cucchiai di pinoli tostati

cereali alternativi

Bulgur e amaranto si prestano altrettanto bene alla realizzazione di questa ricetta.

Poiché la quinoa è considerata da molti il cereale più salutare tra quelli conosciuti, questo piatto, ricco di vitamine, minerali e proteine, potrebbe aggiudicarsi il titolo di insalata più salutare del mondo. Per un pasto leggero e gustoso, accompagnatelo con una zuppa di miglio e zucca barucca (vedi pp. 92-93).

1 **In una casseruola** media portare a ebollizione 475 ml di acqua e la quinoa. Quando bolle, abbassare la fiamma, coprire e cuocere a fuoco medio per 12 minuti, fino a quando la quinoa risulterà tenera. Togliere dal fuoco e lasciare riposare per 5 minuti, sempre a coperchio chiuso.

2 **Nel frattempo**, in un recipiente grande, sbattere il succo di limone con l'olio e il sale. Aggiungere la quinoa calda e mescolare accuratamente con una forchetta. Lasciare raffreddare.

3 **Aggiungere alla quinoa fredda** gli spinaci, il formaggio feta, il cipollotto, i pomodorini e le erbe aromatiche e mescolare il tutto.

4 **Decorare** con pinoli tostati e servire.

analisi nutrizionale (per porzione): calorie totali 230; calorie da grassi 120; grassi totali 13 g; grassi saturi 3 g; colesterolo 5 mg; sodio 160 mg; carboidrati 23 g; fibre 3 g; proteine 6 g.

insalata greca di spelta, cetriolo, aneto e menta

4 porzioni

ingredienti

45 g di spelta

4 cucchiai di succo di limone

2 cucchiai di olio extravergine d'oliva

1 spicchio di aglio grande tritato fine

1 cetriolo fresco tagliato a dadini

3 cipollotti tagliati a rondelle sottili (circa 55 g)

15 g di aneto fresco tritato

15 g di menta fresca tritata

½ cucchiaino di pepe nero macinato fresco

1 presa di sale fine marino

25 g di formaggio feta sbriciolato

cereali alternativi

Utilizzando il bulgur al posto della spelta si ottiene un piatto più simile al taboulè tradizionale. Altre varianti interessanti si possono realizzare con il triticale o il riso integrale.

Questa versione greca del taboulè, realizzata con la feta, è ottima per accompagnare il pesce fresco grigliato. Mentre la ricetta tradizionale prevede il bulgur, questa variante utilizza la spelta, che dà all'insalata un sapore di nocciola e ne incrementa l'apporto di proteine, vitamine C e K.

1 **In una casseruola** piccola portare a ebollizione 750 ml di acqua e la spelta. Quando bolle, abbassare la fiamma, coprire e cuocere a fuoco medio-alto per 75 minuti, fino a quando la spelta risulterà tenera ma ancora al dente. Togliere dal fuoco e lasciare riposare per 10 minuti, sempre a coperchio chiuso. Trasferire in una terrina e lasciare raffreddare (questa operazione può essere svolta anche un giorno in anticipo).

2 **Nel frattempo**, in una scodella di medie dimensioni, sbattere energicamente il succo di limone, l'olio e l'aglio. Aggiungere la spelta fredda e mescolare il tutto con una forchetta.

3 **Unire il cetriolo**, i cipollotti, l'aneto e la menta. Insaporire con sale e pepe.

4 **Mescolare, cospargere** con formaggio feta sbriciolato e servire (per porzioni più abbondanti, raddoppiare le quantità degli ingredienti).

analisi nutrizionale (per porzione): calorie totali 180; calorie da grassi 90; grassi totali 10 g; grassi saturi 2,5 g; colesterolo 10 mg; sodio 250 mg; carboidrati 21 g; fibre 1 g; proteine 5 g.

insalata di bulgur con ceci e peperoni grigliati

8 porzioni

ingredienti

200 g di bulgur medio

125 ml di succo di limone

1 spicchio di aglio grande tritato fine

1 scatola da 425 g di ceci non salati (scolati e sciacquati)

115 g di peperoni rossi grigliati tagliati a dadini (vanno bene anche quelli in vasetto)

15 g di prezzemolo fresco tritato fine

2 cucchiai di olio extravergine d'oliva

2 cucchiai di brodo vegetale o di pollo a ridotto contenuto di sale

1 peperoncino jalapeno con i semi tritato fine

1 presa di sale fine marino

cereali alternativi

Utilizzando la quinoa si ottiene un'interessante variante di questa insalata, con un sapore e una consistenza molto diversi, ma altrettanto piacevoli.

I ceci, i peperoni grigliati e il peperoncino jalapeno fanno di questa insalata di bulgur un vero piatto multietnico: in esso si incontrano influenze mediorientali, italiane e messicane, in grado di soddisfare il palato con un piacevole connubio di sapori.

1 **Versare il bulgur** in una terrina grande, aggiungere 750 ml di acqua bollente e lasciarlo riposare per 20 minuti. Scolare il bulgur schiacciandolo per far uscire l'acqua in eccesso.

2 **Rimettere il bulgur** nella terrina e aggiungere 4 cucchiai di succo di limone, l'aglio, i ceci, i peperoni grigliati e il prezzemolo. Mescolare il tutto.

3 **Per preparare il condimento**, in un ciotolina sbattere energicamente l'olio, il brodo, il peperoncino jalapeno, il sale e il resto del succo di limone. Versare il condimento sull'insalata di bulgur e mescolare uniformemente con una forchetta affinché i sapori si combinino tra loro.

analisi nutrizionale (per porzione): calorie totali 210; calorie da grassi 40; grassi totali 4,5 g; grassi saturi 0,5 g; colesterolo 0 mg; sodio 370 mg; carboidrati 34 g; fibre 7 g; proteine 7 g.

polpette di amaranto e zucchine

7 porzioni (14 polpette)

ingredienti

100 g di amaranto

100 g di zucchine grattugiate (ben spremute per eliminare l'acqua in eccesso)

45 g di cipolla tritata fine

35 g di farina di amaranto

1 uovo

¾ di cucchiaino di sale aromatizzato all'aglio

¼ di cucchiaino di salsa al peperoncino piccante

Olio extravergine d'oliva

4 cucchiai di panna acida a ridotto tenore di grassi (facoltativa)

cereali alternativi

Questa ricetta può essere realizzata anche con altri cereali integrali al posto dell'amaranto.

Se vi piacciono i falafel, non saprete resistere a queste nutrienti e deliziose polpette di amaranto. Facili e veloci da preparare, perfette per un picnic, un buffet o un brunch, sono una vera e propria miniera di nutrienti: ogni polpetta, infatti, ha solo 50 calorie ma è ricca di preziose vitamine e minerali.

1 **In una casseruola** piccola, meglio se antiaderente, portare a ebollizione 360 ml di acqua e l'amaranto. Quando bolle, abbassare la fiamma, coprire e cuocere a fuoco medio-basso per 20 minuti, fino a quando i chicchi risulteranno teneri e l'acqua sarà stata quasi tutta assorbita. Togliere dal fuoco e lasciare riposare per 5 minuti, sempre a coperchio chiuso.

2 **Nel frattempo**, in una terrina di medie dimensioni mescolare le zucchine, la cipolla, la farina, l'uovo, il sale e la salsa al peperoncino. Aggiungere l'amaranto ancora caldo e amalgamare il tutto fino a ottenere un composto omogeneo.

3 **Ungere una padella antiaderente** piuttosto ampia e farla scaldare a fuoco medio. Quando l'olio è caldo, versarvi due cucchiai di composto per ogni polpetta, dandogli una forma tondeggiante leggermente appiattita sui due lati. Cuocere le polpette 4-5 minuti per lato, girandole solo quando risultano completamente cotte su un lato. Servire accompagnate da un cucchiaino di panna acida, per chi lo desidera.

analisi nutrizionale (per porzione): calorie totali 100; calorie da grassi 15; grassi totali 2 g; grassi saturi 0,5 g; colesterolo 30 mg; sodio 110 mg; carboidrati 15 g; fibre 3 g; proteine 5 g.

focaccine d'avena con formaggio di capra e prugne secche

8 porzioni (16 focaccine)

ingredienti

85 g di fiocchi d'avena

2 cucchiai di farina non sbiancata

½ cucchiaino di sale marino fine

½ cucchiaino di lievito per dolci

2 cucchiai di burro appena tolto dal frigorifero e tagliato a tocchetti

2-3 cucchiai di latte scremato

85 g di prugne secche denocciolate tagliate a fette sottili

4 cucchiai di succo di mirtillo

2 cucchiaini di foglie di timo fresco tritate fini

70 g di formaggio di capra tenero a ridotto contenuto di grassi

16 ciuffetti di timo fresco

cereali alternativi

Per incrementare l'apporto di cereali integrali, è possibile sostituire la farina bianca con qualsiasi tipo di farina integrale.

Versione rivisitata di un classico della cucina tradizionale scozzese, queste focaccine d'avena, ricche di fibre, realizzate con formaggio di capra, prugne secche ed erbe aromatiche fresche, possono essere servite da sole come antipasto oppure accompagnare un piatto di insalata o di verdure.

1 **Preriscaldare** il forno a 190 °C. Versare i fiocchi d'avena in un frullatore e tritare finemente. Aggiungere la farina, il sale, il lievito e il burro e frullare il tutto in modo da amalgamare i vari ingredienti. Aggiungere 2 cucchiai di latte e continuare a frullare fino a ottenere una pasta senza grumi e omogenea (se necessario, aggiungere altro latte).

2 **Su una superficie cosparsa di farina**, stendere la pasta con il mattarello dandole la forma di un cerchio del diametro di 15 cm. Con uno stampo rotondo per biscotti del diametro di 5 cm o, in mancanza, con una tazzina da caffè, ritagliare 16 dischi e disporli su una teglia ricoperta con carta da forno. Cuocerli in forno caldo per 12-15 minuti, fino a quando risulteranno friabili. A fine cottura, togliere le focaccine dal forno e lasciarle raffreddare su una gratella.

3 **In una casseruola** piccola versare le prugne secche, il succo di mirtillo e 2 cucchiaini di timo e cuocere per 5 minuti, mescolando di tanto in tanto, fino a quando il liquido non si sarà rappreso. Trasferire il contenuto in una ciotolina e lasciar raffreddare.

4 **Servire ogni focaccina** distribuendovi sopra mezzo cucchiaio di composta di prugne e 1 cucchiaino di formaggio di capra, decorandola con un ciuffetto di timo.

analisi nutrizionale (per porzione): calorie totali 100; calorie da grassi 40; grassi totali 4,5 g; grassi saturi 2,5 g; colesterolo 10 mg; sodio 220 mg; carboidrati 14 g; fibre 2 g; proteine 2 g.

pomodori ripieni di bulgur aromatico e pinoli

4 porzioni

ingredienti

4 pomodori grandi

2 cucchiai di olio extravergine d'oliva

1 cipolla rossa grande tritata fine

140 g di bulgur medio o grande

15 g di spinaci novelli freschi

¼ di cucchiaino di sale fine marino

¼ di cucchiaino di pepe nero macinato fresco

45 g di pinoli tostati

20 g di prezzemolo fresco tritato

3 cucchiai di menta fresca tritata

2 cucchiai di succo di limone oppure aceto di vino rosso invecchiato

cereali alternativi

La quinoa e l'amaranto possono sostituire egregiamente il bulgur.

Alimento principe della cucina mediorientale, il bulgur è un cibo dallo straordinario valore nutrizionale. Ogni porzione di questo piatto apporta 12 grammi di fibre e il 60% del fabbisogno giornaliero di vitamine A e C, oltre a ferro, potassio, zinco e magnesio.

1 **Tagliare la calotta dei pomodori**. Svuotarla, rimuovere i semi e tagliarla a dadini. Svuotare l'interno dei pomodori e disporli a testa in giù su un foglio di carta assorbente affinché perdano l'acqua in eccesso.

2 **In una casseruola** capiente scaldare l'olio a fuoco medio e far soffriggere la cipolla per 8 minuti circa, mescolando di quando in quando fino a che risulterà morbida e dorata. Aggiungere il bulgur, gli spinaci, sale e pepe e, continuando a mescolare, cuocere per 1 minuto fino a quando gli spinaci non saranno appassiti.

3 **Aggiungere 240 ml di acqua**, rimuovere dal fuoco e lasciare riposare senza togliere il coperchio per 30 minuti, fino a quando il bulgur risulterà morbido.

4 **Aggiungere i pinoli**, il prezzemolo, la menta e il succo di limone o l'aceto. Mescolare il composto e riempire i pomodori usando un cucchiaio. Cospargerli con i dadini di pomodoro e servire a temperatura ambiente.

analisi nutrizionale (per porzione): calorie totali 330; calorie da grassi 150; grassi totali 16 g; grassi saturi 2 g; colesterolo 0 mg; sodio 220 mg; carboidrati 43 g; fibre 12 g; proteine 9 g.

crêpe di grano saraceno con formaggio di capra e pomodori secchi

4 porzioni (8 crêpe)

ingredienti

- 150 ml di latte freddo scremato
- 1 uovo
- 1 cucchiaio di burro o margarina fusi
- 35 g di farina di grano saraceno
- 35 g di farina non sbiancata
- 115 g di formaggio di capra morbido a ridotto contenuto di grassi
- 5 pomodori secchi (non conservati in olio) tritati fini
- ¼ di cucchiaino di aglio in polvere
- 4 cucchiaini di olio extravergine di oliva

cereali alternativi

Per ottenere delle crêpe più rustiche, è possibile utilizzare esclusivamente farina di grano saraceno raddoppiando la dose indicata.

Le crêpe, nella versione dolce, vengono consumate prevalentemente a colazione. In questa gustosa ricetta sono invece riempite con formaggio di capra e pomodori secchi e trasformate in un invitante antipasto o in un delizioso spuntino pomeridiano.

1 **Versare nel mixer il latte**, l'uovo, il burro (o la margarina) e le farine. Frullare il tutto alla massima velocità per 45 secondi, fino a ottenere una pastella priva di grumi. Lasciare riposare il composto coperto nel frigorifero per almeno un'ora.

2 **Nel frattempo**, in una ciotolina, amalgamare il formaggio di capra con i pomodori secchi e l'aglio in polvere, quindi riporre il composto in frigorifero fino al momento di utilizzarlo.

3 **Preriscaldare** il forno a 180 °C. Spennellare con qualche goccia di olio una piastra per crêpe oppure una padella antiaderente e scaldarla a fuoco medio. Versare 2 cucchiai di pastella nella padella, distribuendoli uniformemente sul fondo. Cuocere per 1 minuto fino a quando i bordi della crêpe inizieranno a staccarsi dalle pareti e il fondo comincerà a scurirsi. Voltare la crêpe e cuocerla sull'altro lato per 30 secondi circa, finché risulterà dorata. Spennellare nuovamente la piastra o la padella con olio e ripetere il procedimento fino a esaurimento della pastella. Si dovrebbero ottenere 8 crêpe.

4 **Distribuire il composto** di formaggio su ciascuna crêpe, ripiegarle in due, disporle in un'ampia pirofila e passarle in forno caldo per 5 minuti. Servire calde.

analisi nutrizionale (per porzione): calorie totali 210; calorie da grassi 120; grassi totali 13 g; grassi saturi 4 g; colesterolo 60 mg; sodio 310 mg; carboidrati 16 g; fibre 2 g; proteine 8 g.

sandwich di pane integrale con insalata di tonno e quinoa

6 porzioni (6 sandwich)

ingredienti

75 g di quinoa

6 cucchiai di yogurt naturale magro

3 cucchiai di maionese vegetale

2 cucchiai di senape di Digione piccante

1 limone piccolo spremuto (circa 2 cucchiai di succo)

170 g di tonno naturale in scatola sgocciolato

115 g di pomodori ciliegini tagliati a metà o a fette

85 g di cipolla tritata fine

15 g di prezzemolo fresco tritato

12 fette di pane integrale (tostato per chi preferisce)

cereali alternativi

Per ottenere una consistenza più morbida è possibile sostituire la quinoa con l'amaranto, mentre per ridurre le calorie, è sufficiente servire il misto di tonno e quinoa su una singola fetta di pane anziché in versione sandwich, oppure su una foglia di lattuga.

Il sandwich con insalata di tonno ha origini anglosassoni ma è diventato un classico a livello internazionale: provate questa prelibata variante con quinoa. Per rendere il sandwich più nutriente, accompagnatelo con germogli di alfa-alfa, avocado, lattuga e qualche pomodorino.

1 **In una casseruola** piccola portare a ebollizione 240 ml di acqua e la quinoa. Quando bolle, abbassare la fiamma, coprire e cuocere a fuoco medio per 7 minuti, fino a quando la quinoa non avrà assorbito tutta l'acqua. Togliere dal fuoco e far riposare per 5 minuti, senza togliere il coperchio. Lasciare raffreddare.

2 **In una ciotola** piuttosto ampia amalgamare lo yogurt, la maionese, la senape e il succo di limone.

3 **Aggiungere il tonno** sgocciolato e la quinoa fredda e mescolare vigorosamente fino a ottenere un composto morbido. Unire i pomodorini, la cipolla e il prezzemolo.

4 **Servire il composto** spalmato su fette di pane tagliate in diagonale.

analisi nutrizionale (per porzione): calorie totali 240; calorie da grassi 70; grassi totali 8 g; grassi saturi 1 g; colesterolo 15 mg; sodio 480 mg; carboidrati 32 g; fibre 8 g; proteine 14 g.

strisce di pollo in crosta di mais al forno

6 porzioni (12 strisce)

ingredienti

- 70 g di farina non sbiancata
- 1 uovo
- 1 albume
- ½ cucchiaino di pepe macinato fresco
- ¼ di cucchiaino di pepe di cayenna
- 100 g di farina di mais integrale molto fine
- ½ cucchiaino di aglio in polvere
- 450 g di petto di pollo privato di ossa e pelle e tagliato in diagonale in 12 strisce
- Olio extravergine d'oliva
- 6 cucchiai di senape al miele o di una salsa di proprio gradimento

cereali alternativi

Le strisce di pollo risulteranno ancora più croccanti e invitanti se impanate con pane integrale grattugiato oppure con cornflakes integrali al posto della farina di mais.

Queste croccanti strisce di pollo riscuotono grande successo tra i bambini e sono perfette per buffet, brunch o come piatto principale, accompagnate da un'insalata. Una ricetta ricca di proteine che ricorda il pollo fritto, ma senza il medesimo contenuto di grassi: concedetevelo senza alcun rimorso.

1 **Preriscaldare** il forno a 190 °C. In un piatto, versare la farina bianca. In una scodella sbattere l'uovo, l'albume, 2 cucchiai di acqua fredda, il pepe nero e il pepe di cayenna. In un altro piatto mescolare la farina di mais con un quarto di cucchiaino di aglio in polvere.

2 **Insaporire le strisce** di pollo con il resto dell'aglio in polvere, quindi passarle nella farina bianca, successivamente nell'uovo sbattuto e infine nella farina di mais.

3 **Disporle in una teglia** da forno antiaderente delle dimensioni di 22x32 cm, precedentemente unta.

4 **Passarle in forno** per 20-22 minuti, girandole a metà cottura. Servirle calde o a temperatura ambiente accompagnate, se lo si desidera, da senape al miele o da una salsa di proprio gradimento.

analisi nutrizionale (per porzione): calorie totali 250; calorie da grassi 20; grassi totali 2 g; grassi saturi 0,5 g; colesterolo 80 mg; sodio 230 mg; carboidrati 33 g; fibre 2 g; proteine 23 g.

orzo con salsiccia di tacchino e scarola

4 porzioni

ingredienti

175 g di orzo mondo intero

1 cucchiaio di olio extravergine d'oliva

170 g di salsiccia di tacchino senza pelle

1 cespo di scarola o indivia riccia, lavata, asciugata e spezzettata con le mani

2 spicchi di aglio grandi tritati fini

240 ml di brodo di pollo a ridotto contenuto di sodio

20 g di prezzemolo fresco tritato

1 presa di sale

2 cucchiai di Parmigiano Reggiano grattugiato fresco

cereali alternativi

Questa ricetta è ottima anche con pasta integrale di piccolo formato, al posto dell'orzo. Per un'altra gustosa alternativa, provate anche con la quinoa.

L'orzo conferisce a questo piatto un tocco assolutamente distintivo. Chi predilige i sapori piccanti può utilizzare una salsiccia di tacchino speziata o con peperoncino: sarà comunque un'alternativa salutare alla solita salsiccia di maiale, con meno grassi e più fibre, folati e vitamine.

1 **In una casseruola** di medie dimensioni, portare a ebollizione 750 ml di acqua e l'orzo. Quando bolle, abbassare la fiamma, coprire e cuocere a fuoco medio-basso per 45 minuti, fino a quando i chicchi di orzo risulteranno teneri ma ancora al dente.

2 **Nel frattempo**, in una padella antiaderente grande far scaldare l'olio a fuoco medio e farvi rosolare la salsiccia per 5 minuti, rompendola fino a disfarla completamente. Rimuovere la salsiccia, lasciando nella padella solo l'olio di cottura insaporito.

3 **Versare nella padella** la scarola e l'aglio e cuocere per 3 minuti a fuoco vivo continuando a mescolare fino a quando l'insalata sarà appassita.

4 **Versare la salsiccia**, l'orzo e il brodo nella casseruola e portare a ebollizione a fuoco alto. Quando bolle rimuovere dal fuoco.

5 **Aggiungere il prezzemolo** e salare. Servire l'orzo in scodelle individuali, spolverizzato di Parmigiano Reggiano.

analisi nutrizionale (per porzione): calorie totali 300; calorie da grassi 80; grassi totali 8 g; grassi saturi 2 g; colesterolo 35 mg; sodio 450 mg; carboidrati 42 g; fibre 10 g; proteine 16 g.

peperoni ripieni di quinoa e tacchino

4 porzioni

ingredienti

100 g di quinoa

4 peperoni rossi grandi

2 cucchiaini di olio extravergine d'oliva

1 cipolla rossa grande tritata fine

3 spicchi di aglio grandi tritati fini

360 ml di passata di pomodoro

340 g di petto di tacchino tritato

1 uovo sbattuto

20 g di prezzemolo fresco tritato

1 cucchiaino di sale marino fino

½ cucchiaino di pepe nero tritato fresco

cereali alternativi

È possibile riempire i peperoni utilizzando anche bulgur o riso, sia integrale sia selvatico.

Questi peperoni ripieni sono un piatto rustico e saporito, povero di grassi e ricco di proteine, vitamine C e K, ferro e zinco. Sono ottimi anche in versione vegetariana: sarà sufficiente sostituire la carne di tacchino con zucchine tritate oppure con del tofu.

1 **In una casseruola** piccola portare a ebollizione 360 ml di acqua e la quinoa. Quando bolle, abbassare la fiamma, coprire e cuocere a fuoco medio per 10 minuti. Togliere dal fuoco e lasciare riposare coperto per 5 minuti. Trasferire la quinoa in un recipiente e lasciarla raffreddare.

2 **Togliere la calotta ai peperoni**, eliminarne il peduncolo e tagliarla a dadini. Svuotare i peperoni eliminando i semi e le parti bianche.

3 **In una padella antiaderente** far scaldare l'olio a fuoco medio. Aggiungere i peperoni tritati, la cipolla e l'aglio e farli soffriggere per 8 minuti. Trasferire il tutto in una terrina grande. Aggiungere la quinoa fredda, 120 ml di passata di pomodoro, il tacchino, l'uovo, il prezzemolo, sale e pepe e mescolare il tutto.

4 **Con il composto** così ottenuto, riempire i peperoni e disporli "in piedi" in un tegame a doppio fondo precedentemente unto, versandovi sopra il resto della passata di pomodoro e 120 ml di acqua.

5 **Quando il sugo inizia a bollire** abbassare la fiamma, coprire e lasciare cuocere a fuoco medio-basso per 25 minuti. Bagnare i peperoni con il sugo di cottura, coprire e proseguire la cottura per altri 20 minuti, fino a quando il ripieno risulterà cotto. Lasciar riposare per 5 minuti a tegame chiuso. Servire i peperoni dopo averli cosparsi con il sugo di cottura.

analisi nutrizionale (per porzione): calorie totali 390; calorie da grassi 90; grassi totali 10 g; grassi saturi 2 g; colesterolo 85 mg; sodio 490 mg; carboidrati 46 g; fibre 8 g; proteine 30 g.

riso integrale e selvatico al sesamo con contorno di salmone

4 porzioni

ingredienti

2 cucchiaini di olio di sesamo tostato

100 g di riso selvatico

100 g di riso integrale

2 spicchi di aglio grandi tritati fini

150 ml di succo d'arancia

4 filetti di salmone selvatico da 85 g ciascuno

2 cucchiaini di salsa di soia a ridotto contenuto di sale

1 cucchiaino di miele d'acacia o di fiori d'arancio

140 g di cime di broccoli

1 zucchina media affettata sottile

2 cucchiaini di semi di sesamo tostati

cereali alternativi

Questa ricetta può essere realizzata anche sostituendo al riso l'amaranto o l'orzo. Quest'ultimo conferisce al piatto una consistenza particolarmente morbida.

Al primo assaggio di questo invitante piatto esotico vi sentirete trasportati in Asia. Accostamenti particolarmente felici sono alla base di questa ricetta semplice, gustosa e salutare, ricca di acidi grassi omega 3, folati, vitamine C, B_6 e B_{12}, che apporta ben il 70% del fabbisogno quotidiano di selenio.

1 **In una casseruola** media, far scaldare un cucchiaino di olio a fuoco medio, quindi versare il riso selvatico e il riso integrale e farli rosolare per 1 minuto. Aggiungere l'aglio, 360 ml di acqua e portare a ebollizione a fuoco alto. Quando bolle, abbassare la fiamma, coprire e cuocere a fuoco basso per 20 minuti. Aggiungere il succo d'arancia e proseguire la cottura per altri 20 minuti o fino a quando il riso risulterà al dente.

2 **Preriscaldare** il forno a 220 °C. Foderare una teglia da forno grande con della carta da forno e disporvi sopra il salmone. In una ciotolina sbattere la salsa di soia e il miele e versare il condimento sul salmone. Cuocere in forno per 8-10 minuti. Togliere il salmone dal forno e coprirlo con un foglio di alluminio per mantenerlo caldo.

3 **In una padella** scaldare l'olio restante a fuoco medio, farvi rosolare le verdure per 2 minuti, quindi coprire e cuocere per 5 minuti a fuoco basso, fino a quando le verdure non risulteranno al dente. Mescolare le verdure al riso cotto.

4 **Servire il composto** di riso e verdure su un piatto adagiandovi sopra il filetto di salmone. Cospargere con semi di sesamo tostati.

analisi nutrizionale (per porzione): calorie totali 390; calorie da grassi 90; grassi totali 10 g; grassi saturi 1,5 g; colesterolo 45 mg; sodio 340 mg; carboidrati 52 g; fibre 3 g; proteine 24 g.

soba primavera ai gamberi

5 porzioni

ingredienti

340 g di soba essiccata (spaghetti giapponesi di grano saraceno)

2 cucchiai di olio extravergine d'oliva

4 spicchi di aglio grandi tritati fini

175 ml di brodo vegetale o di pollo a ridotto contenuto di sale

450 g di gamberi grandi precotti, sgusciati e puliti

20 pomodori ciliegini tagliati a metà

2 zucchine medie, tagliate longitudinalmente e affettate finemente

30 g di basilico fresco tritato

25 g di Parmigiano Reggiano grattugiato fresco (facoltativo)

cereali alternativi

Utilizzando degli udon (spaghetti giapponesi di grano tenero piuttosto grossi) oppure delle linguine o delle fettuccine integrali si realizzerà ogni volta un piatto diverso. È anche possibile variare la combinazione di verdure.

Originale variante della "pasta primavera", questa ricetta semplice e veloce combina sapientemente la cucina italiana e quella giapponese. Grazie alle verdure di cui è ricco, questo piatto garantisce un elevato apporto di acido folico, vitamine A, C e K, oltre che di potassio e di fibre.

1 **Versare la soba** in un'ampia pentola con acqua bollente e cuocerla per 4-5 minuti. Deve restare al dente.

2 **Nel frattempo**, in una padella capiente scaldare l'olio a fuoco medio-alto. Aggiungere l'aglio e farlo soffriggere per 1 minuto. Unire il brodo, i gamberetti precotti, i pomodorini, le zucchine e il basilico. Mescolare e cuocere a fuoco vivo per 4-5 minuti, fino a quando le zucchine risulteranno tenere e i gamberi completamente cotti.

3 **Scolare la soba** e rimetterla nella pentola. Aggiungere il misto di verdure e gamberi e far saltare la pasta affinché si amalgami bene con il condimento. Aggiustare di sale.

4 **Trasferire il tutto** in una zuppiera e aggiungere, a piacere, una spolverata di Parmigiano Reggiano.

analisi nutrizionale (per porzione): calorie totali 270; calorie da grassi 50; grassi totali 6 g; grassi saturi 1,5 g; colesterolo 55 mg; sodio 500 mg; carboidrati 41 g; fibre 1 g; proteine 16 g.

PIATTI PRINCIPALI

pollo in umido con amaranto alla marocchina

7 porzioni

ingredienti

2 cucchiai di olio extravergine d'oliva

4 petti o cosce di pollo da 115 g ciascuna, senza ossa e senza pelle

1 cipolla tritata fine

750 ml di brodo di pollo a ridotto contenuto di sale

170 g di ceci in scatola non salati, colati e sciacquati

240 ml di polpa di pomodoro

1 limone spremuto (circa 3 cucchiai di succo)

1 cucchiaino di cannella in polvere

½ cucchiaino di cumino macinato

½ cucchiaino di aglio in polvere

170 g di amaranto

30 g di mandorle tostate a scaglie

cereali alternativi

Il teff conferisce una consistenza simile a quella dell'amaranto e una dolcezza del tutto particolare a questo stufato dal gusto deciso e speziato.

La consistenza cremosa dell'amaranto si sposa magnificamente con il gusto speziato di questo stufato, che gratifica il palato e fa bene alla salute. Una porzione apporta infatti l'80% del ferro, il 50% delle proteine e il 25% del potassio rispetto al fabbisogno giornaliero raccomandato dai nutrizionisti.

1 **In una padella** capiente scaldare l'olio a fuoco medio-alto. Aggiungere il pollo e farlo rosolare per 5 minuti, fino a quando risulterà ben dorato, ma non completamente cotto, a quel punto toglierlo dalla padella e metterlo in un piatto.

2 **Nella stessa padella** far soffriggere la cipolla a fuoco medio per 5 minuti. Aggiungere il brodo, i ceci, i pomodori, il succo di limone, la cannella, il cumino e l'aglio in polvere. Portare a ebollizione a fuoco alto, quindi unire l'amaranto e il pollo.

3 **Abbassare la fiamma**, coprire e far cuocere per 25 minuti a fuoco basso fino a quando il pollo risulterà completamente cotto. Togliere dal fuoco e lasciare riposare coperto per 10 minuti. Regolare di sale e pepe.

4 **Servire** in piatti fondi e guarnire con mandorle a scaglie.

analisi nutrizionale (per porzione): calorie totali 380; calorie da grassi 160; grassi totali 17 g; grassi saturi 4 g; colesterolo 60 mg; sodio 320 mg; carboidrati 32 g; fibre 4 g; proteine 25 g.

fagioli rossi e spelta

6 porzioni

ingredienti

300 g di fagioli rossi secchi, lasciati in ammollo in acqua nel frigorifero per tutta la notte e quindi scolati

1,4 l di brodo vegetale o di pollo, a ridotto contenuto di sale

100 g di prosciutto affumicato, tritato fine

1 cipolla grande, tritata fine

1 peperone verde grande, tagliato a dadini

30 g di prezzemolo fresco tritato

4 spicchi di aglio grandi, tritati fini

1 foglia di alloro

½ cucchiaino di salsa al peperoncino piccante

55 g di spelta

15 g di erba cipollina, tritata fine

cereali alternativi

Deliziosa anche la variante con il riso integrale.

Questo piatto ispirato alla cucina Cajun è ricco di proteine e povero di grassi. Se non avete mai provato la spelta prima d'ora, sappiate che i suoi chicchi, una volta pronti, avranno una consistenza simile a quella del riso e un gusto dolce con una nota di noce. Accompagnate con peperoni o altra verdura al vapore.

1 **In una pentola** capiente versare i fagioli, il brodo, il prosciutto, la cipolla, il peperone, metà del prezzemolo, l'aglio, la foglia d'alloro e la salsa al peperoncino piccante. Cuocere a fuoco medio per un'ora, mescolando di quando in quando, poi coprire e proseguire la cottura per 30 minuti fino a quando i fagioli risulteranno teneri e il liquido sarà stato assorbito. Rimuovere la foglia d'alloro. Aggiustare di sale, se necessario.

2 **In una casseruola** media portare a ebollizione a fuoco alto 900 ml di acqua e la spelta, abbassare la fiamma, coprire e lasciare cuocere per un'ora e mezza a fuoco medio-basso fino a cottura completa. Rimuovere dal fuoco e lasciare riposare per 10 minuti, sempre con il coperchio.

3 **Servire i fagioli rossi** su un letto di spelta, cosparsi con erba cipollina e prezzemolo.

analisi nutrizionale (per porzione): calorie totali 340; calcrie da grassi 25; grassi totali 3 g; grassi saturi 1 g; colesterolo 55 mg; sodio 320 mg; carboidrati 55 g; fibre 15 g; proteine 25 g.

polpettone vegetariano di seitan e avena

4 porzioni

ingredienti

340 g di seitan al naturale

1 cipolla rossa media grattugiata

1 uovo leggermente sbattuto

1 albume leggermente sbattuto

25 g di fiocchi d'avena

6 cucchiai di ketchup

2 cucchiaini di senape piccante

1 cucchiaino di timo fresco tritato (più qualche ciuffo per decorare)

½ cucchiaino di aglio in polvere

½ cucchiaino di pepe nero macinato fresco

1 pizzico di cannella in polvere (facoltativa)

cereali alternativi

L'amaranto o il teff bolliti e lasciati raffreddare sono una valida alternativa all'avena richiesta dalla ricetta.

Questa deliziosa variante del polpettone tradizionale è adatta anche a chi ha scelto una dieta vegetariana perché usa il seitan al posto della carne macinata. Oltre all'ottimo sapore, ha da offrirvi un elevato contenuto di proteine, vitamine del gruppo B (specialmente B_{12}), zinco e ferro.

1 **Preriscaldare** il forno a 200 °C. In un mixer versare il seitan, la cipolla, l'uovo e l'albume, i fiocchi d'avena, 4 cucchiai di ketchup, la senape, il timo, l'aglio in polvere, il pepe e, per chi lo desidera, la cannella. Frullare il tutto molto bene fino a ottenere un composto omogeneo.

2 **Mettere il composto** ottenuto in una teglia da forno antiaderente (22x33 cm) foderata con carta da forno, dandogli la forma di un polpettone delle dimensioni di 17x11 cm e spennellandone la superficie con il ketchup rimasto.

3 **Cuocere in forno** per 25-30 minuti circa fino a cottura ultimata. Togliere dal forno e lasciare riposare per 5 minuti prima di affettare.

4 **Tagliare il polpettone** in 4 fette e servirlo guarnito con ciuffi di timo.

analisi nutrizionale (per porzione): calorie totali 180; calorie da grassi 15; grassi totali 2 g; grassi saturi 0 g; colesterolo 55 mg; sodio 730 mg; carboidrati 20 g; fibre 6 g; proteine 20 g.

PIATTI PRINCIPALI

polpette alla mediorientale con salsa di pomodoro e cipolla

6 porzioni (18 polpette)

ingredienti

- 450 g di carne di manzo o di agnello magra macinata
- 45 g di prezzemolo fresco tritato (più il necessario per guarnire)
- 15 g di menta fresca tritata
- 70 g di bulgur medio
- 4 spicchi di aglio grandi tritati fini
- ¼ di cucchiaino di sale marino fine
- ½ cucchiaino di pepe nero macinato fresco
- 1 cucchiaio di olio extravergine d'oliva
- 1 cipolla bianca grande affettata sottile
- 125 ml di vino rosso secco
- 1 lattina da 360 ml di polpa di pomodoro biologica con il relativo succo
- 1 stecca di cannella

cereali alternativi

Per variare, sostituite il bulgur con fiocchi d'avena e utilizzate carne macinata di tacchino per ridurre i grassi di questa ricetta.

Quest'alternativa alle tradizionali polpette risulta particolarmente nutriente grazie all'aggiunta di bulgur, immancabile nella cucina mediorientale. Un piatto veramente delizioso, che può essere consumato da solo oppure accompagnato da pasta integrale.

1 **In una terrina** capiente amalgamare la carne, il prezzemolo, la menta, il bulgur, metà dell'aglio tritato, 4 cucchiai di acqua, sale e pepe.

2 **Con il composto** così ottenuto formare 18 palline, utilizzando circa 2 cucchiaini di composto ciascuna. Disporre le polpette su un piatto, coprirle e riporle in frigorifero.

3 **In una padella antiaderente** capiente scaldare l'olio a fuoco medio-alto e farvi soffriggere la cipolla per 5 minuti, quindi aggiungere l'aglio rimasto e rosolarlo per 30 secondi. Unire il vino e cuocere per 1 minuto, quindi aggiungere i pomodori e la stecca di cannella.

4 **Unire le polpette di carne**, aggiungere 120 ml di acqua e quando il liquido comincia a bollire ridurre la fiamma, coprire e cuocere a fuoco medio-basso per 20 minuti. Girare le polpette e proseguire la cottura a padella scoperta per altri 10 minuti, fino a quando la salsa non si sarà rappresa. Eliminare la stecca di cannella prima di servire.

analisi nutrizionale (per porzione): calorie totali 260; calorie da grassi 90; grassi totali 10 g; grassi saturi 3 g; colesterolo 50 mg; sodio 330 mg; carboidrati 16 g; fibre 3 g; proteine 24 g.

pizza integrale con spinaci e formaggio di capra

6 porzioni (6 fette)

ingredienti

1 bustina (7 g) di lievito secco

550 g di farina integrale (più il necessario per impastare)

1 cucchiaio e ½ di olio extravergine d'oliva (più il necessario per ungere la teglia)

¼ di cucchiaino di sale marino fine

90 g di spinaci novelli

1 cucchiaio di succo di limone spremuto fresco

115 g di formaggio di capra morbido magro sbriciolato

2 cucchiai di basilico fresco tritato

¼ di cucchiaino di pepe nero macinato fresco

¼ di cucchiaino di aglio in polvere

cereali alternativi

Utilizzando la farina di kamut si ottiene una pizza dal sapore particolarmente burroso.

Questa pizza non è solo buonissima, ma anche ricca di vitamine e minerali. Ciò che fa la differenza è la pasta dal gusto ricco, con gradevoli note di nocciola, e ricca di fibre. I più "avventurosi" possono provare a guarnirla con altre verdure, ad esempio erba cipollina e broccoli.

1 **In una scodella** mescolare il lievito con 315 ml di acqua tiepida e una punta di zucchero, lasciare riposare per 10 minuti fino a quando il lievito si sarà sciolto completamente. Versare la farina in una terrina capiente, disporla a fontana e versarvi al centro il lievito sciolto in acqua. Mescolare vigorosamente con un cucchiaio di legno fino a ottenere un impasto morbido e facile da lavorare. Trasferirlo su una superficie da lavoro precedentemente spolverizzata di farina e lavorarlo energicamente per una decina di minuti fino a quando la pasta risulterà elastica e priva di grumi. Formare una palla, ungerla con ½ cucchiaino di olio e riporla in una terrina capiente che dovrà essere coperta con della pellicola antiaderente e riposta in un luogo tiepido per almeno mezz'ora, in modo che la pasta possa lievitare.

2 **Preriscaldare** il forno a 240 °C. Ungere la teglia da forno o una teglia per la pizza. Incorporare il sale nella pasta lavorandola energicamente, quindi farne una palla e distenderla utilizzando le dita o il mattarello. Una volta ottenuto un disco sottile, metterlo nella teglia.

3 **In una terrina** di medie dimensioni, mescolare gli spinaci con l'olio rimasto e il succo di limone. Distribuire il composto sulla pizza e coprire con il formaggio di capra. Cuocere per 10 minuti fino a quando la pasta della pizza risulterà croccante e dorata.

4 **Togliere la pizza** dal forno e distribuirvi sopra basilico, pepe e aglio in polvere. Tagliare in 6 fette.

analisi nutrizionale (per porzione): calorie totali 330; calorie da grassi 70; grassi totali 8 g; grassi saturi 2 g; colesterolo 5 mg; sodio 200 mg; carboidrati 53 g; fibre 9 g; proteine 12 g.

stufato di vitello con miglio, carotine e timo

4 porzioni

ingredienti

1 cucchiaio e ½ di olio extravergine d'oliva

680 g di carne di vitello per stufato tagliata a cubetti

1 cipolla rossa grande tagliata a tocchetti piuttosto grandi

½ cucchiaino di pepe nero macinato fresco

475 ml di brodo di manzo a ridotto contenuto di sale

1 cucchiaio di timo fresco macinato

450 g di carotine

100 g di miglio

315 ml di brodo vegetale, di pollo o di manzo a ridotto contenuto di sale

cereali alternativi

Amaranto, quinoa o bulgur fine sono ottime alternative al miglio per accompagnare questo stufato.

Questa ricetta vi offre uno dei modi più semplici per realizzare un ottimo stufato e, inoltre, vi permette di preparare un piatto ricco di proteine, vitamine del gruppo B e minerali. Le carote apportano una quantità di vitamina A pari a cinque volte il fabbisogno giornaliero.

1 **Preriscaldare** il forno a 180 °C. In una casseruola capiente scaldare l'olio a fuoco medio-alto. Aggiungere il vitello, le cipolle e il pepe. Far rosolare la carne per 7 minuti fino a quando il vitello risulterà completamente cotto.

2 **Aggiungere il brodo** di manzo e 2 cucchiaini di timo. Portare a ebollizione, coprire e passare in forno per 30 minuti. Mescolare le carote, coprire e proseguire la cottura per un'ora e mezza, mescolando di tanto in tanto, fino a quando i bocconcini di vitello risulteranno teneri. Togliere dal forno e regolare di sale e pepe.

3 **Scaldare a fuoco medio-alto** una casseruola piccola, versarvi il miglio e farlo tostare per 3 minuti fino a che inizia ad assumere un colore dorato. Aggiungere il brodo e portare a ebollizione. Abbassare la fiamma, coprire e lasciare cuocere a fuoco medio-basso per 18 minuti fino a quando il miglio non si sarà ammorbidito e avrà assorbito tutto il liquido. Togliere dal fuoco, unire il resto del timo e lasciare riposare senza togliere il coperchio per 5 minuti.

4 **Versare il miglio** in quattro piatti fondi o scodelle, distribuendovi sopra lo stufato.

analisi nutrizionale (per porzione): calorie totali 370; calorie da grassi 90; grassi totali 9 g; grassi saturi 2,5 g; colesterolo 90 mg; sodio 390 mg; carboidrati 41 g; fibre 4 g; proteine 28 g.

risotto d'orzo con pomodoro fresco e feta

6 porzioni

ingredienti

- 85 g di orzo mondo
- 2 cucchiai di olio extravergine d'oliva
- 45 g di scalogno tritato
- 125 ml di vino rosso secco
- 475 ml di brodo di pollo o vegetale a ridotto contenuto di sale
- 1 cucchiaino di margarina o burro
- ¼ di cucchiaino di sale marino fine
- ¼ di cucchiaino di pepe nero macinato fresco
- 1 pomodoro grande maturo, privato dei semi e tagliato a dadini
- 25 g di formaggio feta sbriciolato
- 15 g di basilico fresco tritato

cereali alternativi

Per variare, è possibile utilizzare il farro, sempre più apprezzato nella cucina italiana. Questo cereale è caratterizzato da una consistenza simile a quella dell'orzo, ma rende necessario modificare i tempi di cottura.

Ecco una variante, deliziosa e nutriente, del tradizionale risotto. Un contorno mediterraneo estremamente ricco di fibre, vitamine e minerali essenziali, che si accompagna piacevolmente allo stufato di vitello con miglio, carotine e timo (vedi pp. 128-129) *per un pasto semplice ma gustoso.*

1 **In una casseruola** capiente versare l'orzo, 1 cucchiaio di olio e 360 ml di acqua. Portare a ebollizione, quindi abbassare la fiamma, coprire e lasciare cuocere per 55 minuti a fuoco medio-basso fino a quando l'orzo risulterà tenero, ma ancora al dente. A cottura ultimata, scolare l'orzo.

2 **Scaldare l'olio** rimasto in una casseruola media, far rosolare lo scalogno per 1 minuto, unire l'orzo scolato e il vino e cuocere per 3 minuti, continuando a mescolare, fino a quando il liquido sarà evaporato quasi completamente.

3 **Aggiungere 240 ml** di brodo e cuocere a fuoco medio-alto per 5 minuti, mescolando di frequente fino a completo assorbimento del liquido.

4 **Togliere dal fuoco** e mantecare con margarina o burro. Aggiustare di sale e pepe. Aggiungere i pomodori e cospargere con il formaggio sbriciolato. Guarnire con basilico fresco tritato.

analisi nutrizionale (per porzione): calorie totali 170; calorie da grassi 70; grassi totali 8 g; grassi saturi 2 g; colesterolo 15 mg; sodio 240 mg; carboidrati 19 g; fibre 3 g; proteine 6 g.

purè di cavolfiori e miglio

10 porzioni

ingredienti

2 cucchiaini di margarina o burro

1 cucchiaino di olio extravergine d'oliva

1 cavolfiore (solo le cime)

200 g di miglio

4 spicchi di aglio grandi, pelati e schiacciati

1 cucchiaino di sale fine marino

15 g di erba cipollina fresca tritata

cereali alternativi

Utilizzando l'amaranto al posto del miglio si ottiene un purè dalla consistenza più cremosa.

Sorprendete i vostri ospiti con questa rivisitazione di un contorno della tradizione: a prima vista sembra un classico purè ma con un gusto e una consistenza assolutamente unici. Vi lascerà piacevolmente sazi, oltre che soddisfatti di aver fatto una scelta salutare.

1 **In una casseruola** capiente, far sciogliere la margarina o il burro a fuoco medio-alto. Aggiungere le cime di cavolfiore e farle rosolare per 3 minuti. Unire il miglio e cuocere per altri 3 minuti fino a quando risulterà dorato.

2 **Aggiungere 1,7 l** di acqua, gli spicchi di aglio e il sale e portare a ebollizione a fuoco alto. Coprire, abbassare la fiamma e cuocere per un'ora fino a completo assorbimento del liquido.

3 **Versare il composto** in una terrina e passarlo nello schiacciapatate. Regolare di sale e pepe.

4 **Servire il purè** cosparso con erba cipollina.

analisi nutrizionale (per porzione): calorie totali 150; calorie da grassi 25; grassi totali 2,5 g; grassi saturi 1 g; colesterolo 0 mg; sodio 260 mg; carboidrati 27 g; fibre 5 g; proteine 5 g.

orzo con porri e finocchi

6 porzioni

ingredienti

1 cucchiaio di olio di colza o extravergine d'oliva

2 porri tagliati a rondelle (solo le parti bianche e verde chiaro)

1 finocchio tritato fine

280 g di orzo mondo

1 l di brodo di pollo a ridotto contenuto di sale

Alcuni pistilli di zafferano

25 g di Parmigiano Reggiano grattugiato fresco

30 g di basilico fresco tritato

1 cucchiaino di timo fresco tritato

½ cucchiaino di pepe nero macinato fresco

3 cucchiai di pinoli tostati

cereali alternativi

Ottima anche la versione con pasta integrale di piccolo formato (occorre però regolare i tempi di cottura e la quantità di brodo).

Questa ricetta a base di orzo è un piatto talmente salutare e ricco di fibre, in particolare di quelle solubili, che potrete prepararla tutte le volte che vorrete. I preziosi pistilli di zafferano le conferiscono, inoltre, una nota aromatica particolare.

1 **In una casseruola** capiente scaldare l'olio a fuoco medio. Aggiungere i porri e i finocchi e farli rosolare per 8 minuti finché risulteranno teneri.

2 **Unire l'orzo**, il brodo, lo zafferano e portare a ebollizione a fuoco alto. Abbassare la fiamma, coprire e cuocere per 90 minuti a fuoco medio-basso fino a quando l'orzo risulterà tenero.

3 **Aggiungere** il formaggio, ¾ del basilico, il timo e il pepe.

4 **Servire l'orzo** cosparso con il resto del basilico e con i pinoli tostati.

analisi nutrizionale (per porzione): calorie totali 300; calorie da grassi 80; grassi totali 8 g; grassi saturi 1,5 g; colesterolo 20 mg; sodio 180 mg; carboidrati 47 g; fibre 10 g; proteine 12 g.

pilaf di spelta e pistacchi agli agrumi

4 porzioni

ingredienti

1 cucchiaino di olio extravergine d'oliva

1 cucchiaino di margarina o burro

2 scalogni grandi tritati fini

55 g di spelta

45 g di pistacchi sgusciati non salati tritati (più qualche pistacchio intero per guarnire)

240 ml di brodo di pollo a ridotto contenuto di sale

4 cucchiai di succo di arancia

3 cucchiai di succo di limone (circa 1 limone)

¼ di cucchiaino di sale marino fine

1 pizzico di pepe bianco macinato fresco

cereali alternativi

Per esaltare la consistenza croccante dei pistacchi è possibile realizzare questo pilaf utilizzando un cereale che una volta cotto presenti una consistenza più tenera, quale per esempio il riso integrale a grani lunghi. In tal caso è necessario regolare i tempi di cottura e la quantità di liquido.

Ecco un gustoso pilaf caratterizzato dal fresco sapore degli agrumi. I pistacchi si accompagnano perfettamente all'aroma di nocciola della spelta, dando vita a un piatto delizioso, nutriente, ricco di vitamina C e riboflavina: sarà perfetto per accompagnare pollo alla griglia o frutti di mare.

1 **In una casseruola** capiente far sciogliere la margarina o il burro a fuoco medio e farvi soffriggere lo scalogno per 2 minuti. Unire la spelta e i pistacchi e farli rosolare per un altro minuto.

2 **Alzare la fiamma**, aggiungere 360 ml di acqua, il brodo, il succo di arancio e di limone e portare a ebollizione.

3 **Abbassare la fiamma**, coprire e lasciar cuocere per un'ora e un quarto fino a quando la spelta risulterà tenera ma ancora al dente e il liquido sarà stato assorbito completamente. Togliere dal fuoco e lasciare riposare senza togliere il coperchio per 10 minuti.

4 **Aggiungere sale e pepe** e guarnire con qualche pistacchio intero.

analisi nutrizionale (per porzione): calorie totali 190; calorie da grassi 60; grassi totali 6 g; grassi saturi 1 g; colesterolo 5 mg; sodio 290 mg; carboidrati 32 g; fibre 1 g; proteine 7 g.

pilaf di sorgo con peperoni dolci e pinoli

6 porzioni

ingredienti

250 g di sorgo

1 cucchiaio di olio extravergine d'oliva

1 cipolla rossa piccola tritata fine

120 ml di brodo vegetale o di pollo a ridotto contenuto di sale

2 cucchiai di succo di limone

1 peperone rosso o giallo grande tritato fine

15 g di basilico fresco

2 cucchiai di erba cipollina tritata

30 g di pinoli tostati

½ cucchiaino di sale marino fine

¼ di cucchiaino di pepe nero macinato fresco

cereali alternativi

Se risulta difficile trovare il sorgo, è possibile preparare questa ricetta con della quinoa.

Un contorno colorato, veloce da preparare, estremamente nutriente e ricco di vitamina C, da gustare sia freddo che caldo. Cercate il sorgo nei negozi di prodotti alimentari indiani o africani, oppure preparate questo pilaf con cereali alternativi.

1 **In una casseruola** media portare a ebollizione 600 ml di acqua e il sorgo. Quando bolle abbassare la fiamma, coprire e lasciare cuocere per 12 minuti a fuoco medio-basso fino a quando il sorgo risulterà tenero. Togliere dal fuoco e lasciare riposare senza togliere il coperchio per 5 minuti.

2 **Nel frattempo**, in una capiente padella antiaderente, far scaldare l'olio a fuoco medio e farvi soffriggere la cipolla per 5 minuti finché risulta tenera.

3 **Aggiungere il brodo**, il succo di limone e il pepe e proseguire la cottura per 5 minuti (deve restare del liquido).

4 **Unire il sorgo cotto**, mescolare per bene e, una volta caldo, togliere dal fuoco.

5 **Insaporire con basilico**, erba cipollina, sale e pepe. Servire cosparso con pinoli tostati.

analisi nutrizionale (per porzione): calorie totali 220; calorie da grassi 60; grassi totali 7 g; grassi saturi 0,5 g; colesterolo 0 mg; sodio 240 mg; carboidrati 35 g; fibre 2 g; proteine 5 g.

verza all'aglio e zenzero con quinoa e sesamo

6 porzioni

ingredienti

475 ml di brodo di pollo o vegetale a ridotto contenuto di sale

140 g di quinoa

1 verza grande tagliata a strisce sottili (eliminando le parti più dure)

1 cucchiaio di zenzero fresco grattugiato

1 spicchio di aglio grande tritato fine

1 cucchiaio di olio di sesamo

1 cucchiaio di aceto di riso

1 cucchiaio di miele d'acacia o di fiori d'arancio

1 cucchiaino e ½ di salsa di soia a ridotto contenuto di sale

1 cucchiaio di semi di sesamo tostati

cereali alternativi

Al posto della quinoa, provate il riso selvatico o quello integrale, regolando i tempi di cottura in base al tipo di cereale utilizzato.

Questo contorno profumato di zenzero e aglio è incredibilmente saporito, ma vi stupirà soprattutto per la facilità di preparazione e l'ottimo apporto nutritivo: la verza è infatti un'ottima fonte di calcio, acido folico, ferro, potassio e di un'ampia gamma di antiossidanti.

1 **In una casseruola** capiente portare a ebollizione il brodo a fuoco alto. Aggiungere la quinoa, la verza, lo zenzero e l'aglio senza mescolare. Abbassare la fiamma, coprire e cuocere a fuoco basso per 15 minuti. Togliere dal fuoco e lasciare riposare senza togliere il coperchio per 5 minuti.

2 **Nel frattempo**, in una ciotolina, amalgamare l'olio, l'aceto, il miele e la salsa di soia, versare il condimento sul misto di quinoa e verza e mescolare molto bene.

3 **Servire caldo** cosparso con semi di sesamo tostati.

analisi nutrizionale (per porzione): calorie totali 210; calorie da grassi 50; grassi totali 6 g; grassi saturi 1 g; colesterolo 10 mg; sodio 180 mg; carboidrati 33 g; fibre 4 g; proteine 9 g.

CONTORNI

verdure e grano saraceno saltati

8 porzioni

ingredienti

180 g di semi di grano saraceno

2 cucchiai di olio extravergine d'oliva

750 ml di brodo vegetale o di pollo a ridotto contenuto di sale

1 cipolla rossa grande tagliata a spicchi

2 spicchi di aglio grandi tritati fini

1 peperone rosso grande tagliato a falde

1 peperone giallo grande tagliato a falde

1 zucchina media, tagliata longitudinalmente e quindi affettata

1 cucchiaino di origano fresco tritato (più qualche foglia per guarnire)

¼ di cucchiaino di sale fine marino

½ cucchiaino di pepe nero macinato fresco

cereali alternativi

Se il grano saraceno non è di vostro gradimento, potete preparare questo piatto anche con del cuscus di frumento integrale o del bulgur.

Questo invitante piatto è un'alternativa salutare al riso fritto con verdure tipico della cucina cinese: il peperone, infatti, apporta da solo ben il 150% del fabbisogno giornaliero di vitamina C. Può essere servito anche in piccoli sformati monoporzione.

1 **In una casseruola** capiente tostare il grano saraceno a fuoco medio-alto per 4 minuti, mescolando continuamente, fino a quando si comincerà ad avvertire un piacevole profumo. Aggiungere 1 cucchiaio di olio e mescolare bene, quindi unire il brodo e portare a ebollizione. Quando bolle, abbassare la fiamma, coprire e cuocere a fuoco basso per 10 minuti. Togliere dal fuoco e lasciare riposare senza togliere il coperchio per altri 10 minuti.

2 **Nel frattempo**, in una padella antiaderente piuttosto capiente scaldare l'olio restante a fuoco vivo. Aggiungere la cipolla, l'aglio e i peperoni e farli rosolare per 5 minuti. Unire le zucchine e l'origano e proseguire la cottura per altri 5 minuti, fino a quando la verdura si sarà ammorbidita.

3 **Mescolare** il grano saraceno alle verdure, aggiungere sale e pepe e servire guarnendo con foglie di origano.

analisi nutrizionale (per porzione): calorie totali 180; calorie da grassi 40; grassi totali 4,5 g; grassi saturi 0,5 g; colesterolo 0 mg; sodio 280 mg; carboidrati 29 g; fibre 4 g; proteine 6 g.

risotto di zucca con riso integrale e selvatico

6 porzioni

ingredienti

- ½ zucca barucca media
- 1,5 l di brodo di pollo a ridotto contenuto di sale
- 1 cucchiaio di olio extravergine d'oliva
- 1 cipolla media tritata
- 200 g di riso integrale a grani lunghi
- 100 g di riso selvatico
- 2 spicchi di aglio grandi tritati fini
- 1 cucchiaino e ½ di curry
- 2 cucchiai di succo di lime
- 4 cucchiaini di burro o margarina (facoltativi)

cereali alternativi

Provate a realizzare questa ricetta esclusivamente con riso integrale, anziché con un misto di riso integrale e selvatico.

A differenza del risotto classico, realizzato con riso Arborio o Carnaroli, questo piatto prevede l'utilizzo di riso integrale e selvatico. Una variante più ricca di fibre che, grazie alla zucca, apporta anche il 100% del fabbisogno giornaliero di vitamina A. Delizioso da accompagnare con pollo alla griglia.

1 **Tagliare la zucca** a metà nel senso della lunghezza. Con il pelapatate togliere la buccia alla metà che si intende utilizzare, eliminarne i semi e tagliarla a dadini.

2 **In una casseruola** capiente portare a ebollizione il brodo a fuoco medio-basso.

3 **In un'altra casseruola** antiaderente piuttosto capiente scaldare l'olio a fuoco medio-alto e farvi rosolare la zucca e la cipolla per 8 minuti circa. Aggiungere il riso integrale e il riso selvatico, l'aglio, il curry e cuocere per 1 minuto, continuando a mescolare. Abbassare la fiamma, versare 125 ml di brodo e cuocere a fuoco vivo, mescolando di frequente fino a quando il riso avrà assorbito tutto il brodo. Proseguire la cottura, aggiungendo 125 ml di brodo per volta, mescolando continuamente e assicurandosi che il liquido sia stato assorbito completamente prima di versarne ancora (questo risotto impiega circa 50 minuti a cuocere).

4 **A cottura ultimata**, unire il succo di lime, mescolare e lasciare cuocere per 1 minuto. Servire il risotto immediatamente, mantecando ogni porzione con 1 cucchiaino di burro, se desiderato.

analisi nutrizionale (per porzione): calorie totali 250; calorie da grassi 30; grassi totali 3,5 g; grassi saturi 0,5 g; colesterolo 0 mg; sodio 610 mg; carboidrati 46 g; fibre 4 g; proteine 9 g.

CONTORNI

focaccia di mais all'americana

20 porzioni (1 forma)

ingredienti

115 g di burro o margarina fusa

200 g di zucchero granulato

4 uova

4 cucchiai di latte scremato condensato

280 g di mais dolce (surgelato o in lattina, scolato e sciacquato) oppure 300 g di chicchi di mais fresco bolliti

70 g di formaggio olandese grattugiato

140 g di farina di mais integrale molto fine

140 g di farina non sbiancata

1 cucchiaio più 1 cucchiaino di lievito per dolci

½ cucchiaino di sale fine marino

cereali alternativi

È possibile realizzare questa focaccia anche con un misto di farine, quali quella di frumento integrale, di miglio, di amaranto o di grano saraceno.

Il cornbread, *letteralmente "pane di mais", è la versione tipicamente americana della nostra focaccia e appartiene soprattutto alla tradizione degli stati del Sud. Può essere realizzata anche nella variante messicana, aggiungendo all'impasto peperoncini jalapeno tritati finemente.*

1 **Preriscaldare** il forno a 150 °C e ungere una teglia da forno antiaderente delle dimensioni di 22x32 cm.

2 **In una terrina** capiente sbattere la margarina o il burro fuso con lo zucchero, unendo un uovo alla volta. Aggiungere il latte, il mais dolce e il formaggio grattugiato.

3 **In un altro recipiente** mescolare la farina di mais, il lievito e il sale e versare gradatamente il tutto nell'altra terrina mescolando bene fino a ottenere un composto omogeneo.

4 **Versare la pasta** nella teglia, livellarla e cuocerla in forno per un'ora. Per verificarne la cottura, infilare uno stuzzicadenti nell'impasto: deve uscirne asciutto e pulito. I chicchi di mais dolce si depositano sul fondo durante la cottura. Togliere la focaccia dalla teglia e farla raffreddare su una gratella.

analisi nutrizionale (per porzione): calorie totali 170; calorie da grassi 60; grassi totali 7 g; grassi saturi 4 g; colesterolo 60 mg; sodio 210 mg; carboidrati 23 g; fibre 1 g; proteine 4 g.

pane morbido di segale

24 porzioni (2 forme)

ingredienti

500 g di farina bianca (più l'occorrente per infarinare)

50 g di zucchero di canna scuro

2 bustine (14 g) di lievito secco attivo

3 cucchiaini di semi di cumino interi

1 cucchiaino e ½ di sale marino fine

1 cucchiaino di scorza di arancia grattugiata (facoltativo)

2 cucchiaini di olio di colza o altro olio vegetale

280 g di farina di segale scura

1 albume

cereali alternativi

È possibile utilizzare un misto di farine per ottenere un "pane ai cereali", oppure semplicemente eccedere un po' con la farina di segale.

Il pane di segale è talmente saporito e ricco di nutrienti che non dovrebbe mai mancare sulla nostra tavola. Questa versione, particolarmente deliziosa, ottenuta seguendo la ricetta originale, ovvero senza l'impiego della macchina per fare il pane, unisce il meglio del frumento e della segale.

1 **In una terrina** capiente mescolare 280 g di farina bianca, lo zucchero, il lievito (non sciolto), 2 cucchiaini di semi di cumino, il sale ed eventualmente la buccia di arancia. Aggiungere gradatamente 475 ml di acqua calda e l'olio e con un frullino elettrico sbattere per 2 minuti a velocità media. Unire 70 g di farina bianca e sbattere per altri 2 minuti a velocità massima. Incorporare la farina di segale e abbastanza farina bianca da ottenere un impasto morbido.

2 **Disporre l'impasto su una superficie** infarinata e lavorarlo con le mani per 8 minuti circa fino a ottenere una pasta elastica. Formare una palla, infarinarla, avvolgerla in un canovaccio e lasciarla riposare per 10 minuti. Dividere in due la pasta dando a ciascuna metà una forma rettangolare, quindi disporre ciascuna forma in uno stampo antiaderente da plumcake abbastanza capiente, precedentemente unto. Coprire con della pellicola in alluminio, anch'essa unta, e quindi riporre in un luogo tiepido lasciando lievitare la pasta per un'ora circa fino a quando sarà raddoppiata di volume.

3 **Preriscaldare** il forno a 200 °C. Con un coltello, praticare 6 tagli sulla superficie di ciascuna forma. In una ciotolina sbattere l'albume con un cucchiaio di acqua fredda. Spennellare la superficie delle pagnotte con l'albume sbattuto e distribuirvi sopra i semi di cumino rimasti.

4 **Cuocere in forno** per 30 minuti circa. Al termine della cottura, togliere dal forno e lasciare raffreddare su una gratella.

analisi nutrizionale (per porzione): calorie totali 120; calorie da grassi 15; grassi totali 1,5 g; grassi saturi 0 g; colesterolo 0 mg; sodio 150 mg; carboidrati 23 g; fibre 2 g; proteine 3 g.

PANE E DESSERT

pandolce di miglio con noci e banane

PANE E DESSERT

24 porzioni (1 forma)

ingredienti

115 g di burro fuso

200 g di zucchero granulato

2 uova ben sbattute

140 g di farina non sbiancata

100 g di farina di integrale

1 cucchiaino di bicarbonato di sodio

¼ di cucchiaino di sale marino fine

100 g di miglio

4 banane grandi mature schiacciate

2 cucchiaini di estratto di vaniglia puro

45 g di noci tostate tagliate grossolanamente

cereali alternativi

Utilizzando i fiocchi d'avena al posto del miglio si ottiene un pane dalla consistenza più morbida.

Questo pandolce, molto nutriente, è ottimo sia a colazione sia come salutare dessert. Il miglio conferisce all'impasto una croccantezza unica, che ricorda quasi il caramello. Delizioso appena sfornato o arricchito con marmellata a basso contenuto di zuccheri.

1 **Preriscaldare** il forno a 180 °C. In una terrina capiente sbattere il burro fuso e lo zucchero con un frullino elettrico fino a ottenere un composto cremoso. Aggiungere le uova e continuare a sbattere.

2 **In un altro contenitore** setacciare le farine, il bicarbonato di sodio e il sale e unire gradatamente il tutto alle uova continuando a sbattere a velocità minima, fino a ottenere un composto senza grumi.

3 **Aggiungere il miglio**, le banane schiacciate, l'estratto di vaniglia e le noci amalgamando tutto all'impasto.

4 **Ungere uno stampo** da plumcake antiaderente, versarvi il composto e cuocere in forno per un'ora fino a quando, introducendo uno stuzzicadenti, questo non ne uscirà asciutto e pulito. Togliere dallo stampo e lasciar raffreddare completamente su una gratella. Per tagliare in modo più preciso le fette, è consigliabile mettere prima il pane in freezer per qualche tempo.

analisi nutrizionale (per porzione): calorie totali 140; calorie da grassi 45; grassi totali 5 g; grassi saturi 2,5 g; colesterolo 30 mg; sodio 85 mg; carboidrati 23 g; fibre 1 g; proteine 2 g.

brownie di grano saraceno e cioccolato fondente amaro

16 porzioni (16 quadratini)

ingredienti

3 tavolette da 100 g di cioccolato fondente amaro di ottima qualità

90 g di marmellata di amarene o di lamponi senza semi

90 g di miele d'acacia o di fiori d'arancio

1 uovo

2 albumi

1 cucchiaino di sale marino fine

1 presa di cannella in polvere (facoltativa)

1 cucchiaino e ½ di estratto puro di vaniglia

70 g di farina di grano saraceno

45 g di mandorle tritate grossolanamente (facoltative)

cereali alternativi

Questi brownie sono deliziosi realizzati con qualsiasi tipo di farina integrale.

Gusterete volentieri questa "amara dolcezza": come ben si sa, dal punto di vista nutrizionale, il cioccolato migliore è quello fondente, di cui sono decisamente ricchi questi prelibati brownie. Godeteveli con la consapevolezza che sono un dolce decisamente salutare.

1 **Preriscaldare** il forno a 180 °C. Ungere una teglia da forno antiaderente quadrata o rettangolare di circa 20 cm di lato.

2 **Rompere il cioccolato** a pezzetti, metterlo in una scodella e farlo sciogliere a bagnomaria (immergere la scodella in una casseruola contenente dell'acqua portata a bollire appena). Una volta sciolto, togliere il cioccolato dal fuoco.

3 **In una terrina** capiente amalgamare la marmellata, il miele, l'uovo, gli albumi, il sale, la cannella (se utilizzata) e l'estratto di vaniglia. Versarvi la farina continuando a mescolare fino a ottenere un composto uniforme, quindi aggiungere gradatamente il cioccolato fuso continuando a mescolare. Versare il composto nella teglia ed eventualmente distribuirvi sopra le mandorle tritate grossolanamente, facendole entrare nell'impasto con una leggera pressione.

4 **Cuocere in forno** per 22 minuti fino a quando, introducendo uno stuzzicadenti, questo ne uscirà asciutto e pulito. Togliere la forma dallo stampo e porla su una gratella. Una volta raffreddata completamente, tagliare a quadretti.

analisi nutrizionale (per porzione): calorie totali 130; calorie da grassi 50; grassi totali 6 g; grassi saturi 3 g; colesterolo 15 mg; sodio 160 mg; carboidrati 21 g; fibre 2 g; proteine 3 g.

crostata con cioccolato e burro d'arachidi

10 porzioni (10 fette)

ingredienti

1 bustina da 45 g di preparato per budino al cioccolato, senza grassi e senza zucchero

360 ml di latte scremato o latte di soia

55 g di fiocchi d'avena

45 g di farina non sbiancata

60 g di zucchero di canna

1 cucchiaino di cacao in polvere

¼ di cucchiaino di lievito in polvere

1 pizzico di sale marino fine

4 cucchiai di burro o margarina (appena tolta dal frigorifero e tagliata a pezzetti)

125 g di burro di arachidi non salato

3 cucchiai di miele d'acacia o di fiori d'arancio

cereali alternativi

Provate a realizzare questa ricetta sostituendo alla farina bianca quella di grano saraceno o di altri cereali integrali: otterrete una torta più rustica con tutti i benefici dei cereali integrali.

La combinazione di cioccolato e burro d'arachidi può apparire un po' insolita a prima vista ma, in Inghilterra, rappresenta uno dei peccati di gola più comuni. Scoprite anche voi questa unione di sapori perfetta, grazie a questo dolce delizioso e, naturalmente, sano.

1 **In una terrina** di medie dimensioni, versare il contenuto della busta di preparato per budino e aggiungere gradatamente il latte sbattendo con la frusta fino a ottenere un composto privo di grumi. Riporre in frigorifero.

2 **Preriscaldare** il forno a 180 °C. In un altro recipiente capiente, mescolare i fiocchi d'avena, la farina, lo zucchero, il cacao, il lievito e il sale. Aggiungere il burro o la margarina lavorando il tutto con una forchetta o con le dita fino a ottenere un composto omogeneo. Con il composto così ottenuto rivestire uno stampo per torte antiaderente del diametro di 22 cm.

3 **Cuocere in forno** per 12 minuti fino a quando la base della torta risulterà croccante. Togliere dal forno e far raffreddare su una gratella.

4 **In una terrina** capiente mescolare il burro di arachidi e il miele. Aggiungere il budino appena tolto dal frigorifero e amalgamarlo al resto del composto. Versare il tutto sulla base della torta raffreddata e riporre in frigorifero per almeno un'ora prima di affettare (si dovrebbero ottenere 10 fette).

analisi nutrizionale (per porzione): calorie totali 230; calorie da grassi 100; grassi totali 11 g; grassi saturi 1,5 g; colesterolo 0 g; sodio 170 mg; carboidrati 26 g; fibre 2 g; proteine 6 g.

budino di riso integrale

6 porzioni

ingredienti

200 g di riso integrale a grani lunghi

240 ml di latte condensato magro

1 uovo

2 albumi

90 ml di succo di mela non zuccherato

3 cucchiai di zucchero di canna

1 cucchiaino di estratto di vaniglia puro

45 g di uva sultanina

1 stecca di cannella

1 pizzico di cannella in polvere

cereali alternativi

È possibile preparate questo budino con altri tipi di riso o con un misto di riso. Se non si riesce a trovare il latte scremato condensato, si può utilizzare la versione tradizionale, che tuttavia contiene molti più grassi.

Il budino di riso è un classico dolce inglese. Questa variante, realizzata con riso integrale e altri ingredienti naturali è ricca di sapore ma anche di nutrienti preziosi. Se volete godervi un peccato di gola senza sentirvi in colpa, accompagnatelo con una pallina di yogurt alla vaniglia ghiacciato.

1 **In una casseruola** piccola portare a ebollizione 500 ml di acqua e il riso a fuoco alto. Quando bolle, abbassare la fiamma, coprire e lasciare cuocere a fuoco basso per 55 minuti fino a quando tutto il liquido sarà stato assorbito. Togliere dal fuoco e lasciare riposare a coperchio chiuso per 5-10 minuti.

2 **In una terrina** media sbattere il latte condensato, l'uovo, gli albumi, lo zucchero di canna, il succo di mela e l'estratto di vaniglia. Unire l'uva sultanina, la stecca di cannella e il riso cotto ancora caldo. Cuocere a fuoco medio-basso per 8 minuti circa, continuando a mescolare, fino a quando il composto si sarà addensato.

3 **Rimuovere la stecca** di cannella e trasferire il budino in 6 ciotoline. Coprirle con della pellicola e riporle in frigorifero per almeno un'ora. Spolverizzare di cannella e servire.

analisi nutrizionale (per porzione): calorie totali 220; calorie da grassi 15; grassi totali 2 g; grassi saturi 0 g; colesterolo 35 mg; sodio 80 mg; carboidrati 42 g; fibre 1 g; proteine 8 g.

biscotti di fiocchi d'avena e uvetta

12 porzioni (24 biscotti)

ingredienti

8 cucchiai di burro o margarina ammorbidita

100 g di zucchero granulato

1 uovo

210 ml di polpa di mela non zuccherata

½ cucchiaino di cannella in polvere

1 cucchiaino e ½ di estratto di vaniglia puro

100 g di farina non sbiancata

2 cucchiai di germe di grano

1 cucchiaino di bicarbonato di sodio

¼ di cucchiaino di sale marino fino

85 g di fiocchi d'avena

55 g di uva sultanina

cereali alternativi

Per aumentare i benefici derivanti dai cereali integrali, provate a realizzare questi biscotti con un misto di farina bianca e di cereali integrali di vostra scelta.

Riscaldate la vostra casa con il fragrante aroma di questi deliziosi biscotti fatti con fiocchi d'avena, uvetta e cannella: sono un connubio perfetto fra croccantezza e sapore, oltre che un'ottima fonte di nutrienti preziosi e fibre solubili.

1 **Preriscaldare** il forno a 180 °C. In una terrina capiente sbattere il burro o la margarina ammorbidita e lo zucchero con un frullino elettrico fino a ottenere un composto cremoso. Aggiungere l'uovo continuando a sbattere e per ultimo unire la polpa di mela, la cannella e la vaniglia e amalgamare il tutto.

2 **In un altro contenitore** mescolare la farina, il germe di grano, il bicarbonato di sodio e il sale, quindi versare il misto di farine nel composto di polpa di mela continuando a sbattere a velocità minima. Per ultimo aggiungere i fiocchi d'avena e l'uvetta.

3 **Su una teglia da forno** antiaderente, o sulla leccarda precedentemente ricoperta con carta da forno, distribuire una cucchiaiata di impasto per biscotto.

4 **Cuocere in forno** per 12 minuti fino a quando i biscotti risulteranno croccanti. Lasciarli raffreddare per 1 minuto prima di disporli su una gratella affinché si raffreddino completamente.

analisi nutrizionale (per porzione): calorie totali 190; calorie da grassi 80; grassi totali 9 g; grassi saturi 1,5 g; colesterolo 20 mg; sodio 160 mg; carboidrati 26 g; fibre 1 g; proteine 3 g.

composta croccante di pere e nocciole

6 porzioni

ingredienti

4 pere Conference medie, non troppo mature, sbucciate, private del torsolo e tagliate a spicchi sottili

2 cucchiai di zucchero di canna

1 cucchiaio di farina non sbiancata

¼ di cucchiaino di cannella in polvere

45 g di fiocchi d'avena non cotti

45 g di nocciole tostate e tritate grossolanamente (dopo averle sfregate con un foglio di carta da cucina per toglierne la pellicina)

2 cucchiai di zucchero di canna

2 cucchiai di margarina o burro fuso

⅛ di cucchiaino di cannella in polvere

cereali alternativi

Per aumentare la croccantezza di questo dessert, distribuirvi sopra una manciata di germe di grano prima di servire.

Delizioso tutto l'anno, questo dessert naturale e salutare può essere realizzato anche con le pesche o con i frutti di bosco. Ricco di fibre, grazie al contenuto di fiocchi d'avena e alla frutta, è ottimo accompagnato da una pallina di yogurt alla vaniglia ghiacciato.

1 **Preriscaldare** il forno a 200 °C. In una terrina capiente versare le fette di pera, 3 cucchiai di acqua, lo zucchero di canna, la farina e la cannella mescolando accuratamente il tutto.

2 **Versare il composto** in una teglia da forno antiaderente del diametro di 20 cm.

3 **In una terrina** media versare i fiocchi d'avena, le nocciole tritate, lo zucchero di canna, il burro o la margarina fusa e la cannella amalgamando gli ingredienti fino a ottenere una specie di farcitura, che verrà distribuita uniformemente sulle pere.

4 **Cuocere in forno** per 20 minuti fin a quando le pere risulteranno tenere e la farcitura croccante. Servire questo dessert ancora caldo, accompagnato per chi lo desidera da una pallina di yogurt alla vaniglia appena tolto dal freezer.

analisi nutrizionale (per porzione): calorie totali 180; calorie da grassi 70; grassi totali 7 g; grassi saturi 1 g; colesterolo 0 mg; sodio 0 mg; carboidrati 29 g; fibre 4 g; proteine 2 g.

mangiare al ristorante

A differenza dei prodotti venduti nei negozi, i piatti serviti al ristorante o preparati per l'asporto non sono corredati dall'elenco degli ingredienti e, pertanto, non sempre permettono di sapere con esattezza che cosa si stia mangiando. Ecco allora alcuni consigli per quando mangiate fuori casa.

1 **Iniziate la giornata con il piede giusto**. Che mangiare la colazione fuori casa sia per voi un lusso o un obbligo, cercate di sfruttare l'occasione per assaggiare cereali integrali di ogni tipo: i buffet degli alberghi spesso mettono a disposizione del semplice muesli, da addolcire con l'aggiunta di uvetta invece dello zucchero, e latte scremato, mentre sono sempre più numerosi i bar che offrono panini e prodotti da forno integrali per soddisfare le richieste dei propri clienti. Provate un muffin all'avena con un velo di marmellata ipocalorica o di miele.

2 **I contorni** spesso offrono l'occasione di consumare più cereali integrali quando ci si trova al ristorante: quelli vegetariani o etnici, infatti, oggi offrono una varietà sempre più ricca di insalate o zuppe sane e interessanti, a base di cereali. Provate anche ad accompagnare il pasto con una semplice scodella di quinoa, di riso integrale o selvatico, oppure di orzo, o ancora con il taboulè preparato con bulgur di frumento. Infine, potete arricchire insalate o piatti di verdure semplicemente con l'aggiunta di mais dolce.

3 **I ristoranti cinesi, indiani, tailandesi e giapponesi** offrono la scelta fra un'ampia gamma di cereali integrali. Chiedete che vi venga servito del riso integrale al posto del tradizionale riso bianco e, nei ristoranti giapponesi, non dimenticate di provare la soba di grano saraceno.

4 **I ristoranti vegetariani** utilizzano spesso i cereali in modi creativi e gustosi. Anche se non siete vegetariani, provate a cenare in uno di questi ristoranti o a scegliere piatti vegetariani preparati con cereali integrali.

5 **Viva le zuppe e le minestre**! Ecco un altro ottimo modo per arricchire il proprio pasto con qualche cereale integrale. Evitate però le zuppe cremose, scegliendo invece quelle in brodo, con verdura e cereali integrali come l'orzo o il riso selvatico.

6 **Scegliete il pane in maniera intelligente**. Sono sempre più numerosi i ristoranti che offrono vari tipi di pane ai cereali integrali, tra cui per esempio quello di frumento integrale, di segale o ai 5 cereali.

IN SINTESI

Esistono svariati modi per consumare cereali integrali a colazione, per esempio provando il muesli, oppure il pane o le fette biscottate integrali.

•

Ordinare un contorno di verdure o cereali integrali è una valida soluzione per rendere più equilibrato il menu del ristorante.

•

Chiedete riso integrale al posto del solito riso bianco nei ristoranti cinesi, indiani, tailandesi e giapponesi.

•

Un ottimo modo per consumare più cereali integrali è quello di ordinare piatti vegetariani o scegliere ristoranti vegetariani.

•

Zuppe e minestre sono un modo intelligente per arricchire il proprio pasto con qualche cereale integrale.

•

Scegliete pane di frumento integrale, di segale o ai 5 cereali, invece di quello bianco.

quando avete fretta

Avere poco tempo al lavoro, trovarsi in viaggio o essere in vacanza, non sono motivi validi per mangiare in maniera scorretta! Anche se, quando si ha fretta, è facile ripiegare sui soliti snack veloci e poco salutari, alcuni semplici accorgimenti vi aiuteranno a mangiare sempre in modo sano.

1 **Non saltate la prima colazione**. Numerosi studi dimostrano che chi è a dieta e fa colazione raggiunge più rapidamente il peso ideale. Una ricerca, in particolare, ha evidenziato che chi mangia al mattino tende poi a mangiare meno sia a pranzo sia a cena. Se siete sempre di corsa, invece di saltare questo importantissimo pasto, provate le barrette ai cereali integrali oggi disponibili in tutti i supermercati, oppure preparate in anticipo dei muffin di crusca d'avena con banane e noci (*vedi pp. 88-89*): si prestano anche a essere congelati, quindi nei casi di emergenza potete prenderne uno direttamente dal freezer, lasciarlo scongelare durante il tragitto e mangiarlo una volta giunti in ufficio.

2 **Troppo impegnati per pranzare**? Ricordate che mangiare in modo sano e naturale è ancora più importante quando si è sotto pressione, perché aiuta l'organismo ad affrontare meglio lo stress. Per risparmiare tempo, oltre che denaro, portatevi il pranzo da casa: cucinate un piatto a base di cereali integrali un po' più abbondante, per cena, e portatene una parte in ufficio il giorno successivo, preparatevi un sandwich di pane integrale con insalata di tonno e quinoa (*vedi p. 111*), oppure aggiungete qualche cucchiaio di cereali cotti a un'insalata.

3 **Allargate i vostri orizzonti culinari**! Sempre più locali offrono pane, insalate e piatti a base di cereali integrali. Cercate menu vegetariani ed etnici, che offrono varie alternative per un pranzo ricco di fibre, vitamine e ottimi sapori.

4 **Attenzione alle porzioni** quando vi servite al self-service o al buffet. Se un panino intero vi sembra troppo, lasciatene metà oppure dividetelo con qualcun altro. La maggior parte delle insalate pronte contiene già il condimento, pertanto evitate di condirle ulteriormente.

5 **Non abbiate timore a chiedere**. Se pranzate solitamente in un locale che non offre piatti a base di cereali integrali, non abbiate timore di chiedere che vengano servite anche ricette di questo tipo. Oggigiorno, ristoranti e locali pubblici sono sempre più attenti alla qualità degli alimenti proposti, pertanto è pratica comune cercare di soddisfare le esigenze dei clienti abituali.

IN SINTESI

Non saltate la colazione. Scegliete piuttosto alternative veloci, come le barrette di cereali integrali.

•

Portatevi il pranzo da casa in modo da avere un piatto ricco di cereali integrali pronto anche in ufficio: risparmierete tempo e denaro.

•

Allargate i vostri orizzonti culinari cercando locali che servono piatti vegetariani o etnici.

•

Attenzione alle porzioni, specialmente quando vi servite al self-service. Se un panino intero vi sembra troppo, lasciatene metà oppure dividetelo con qualcun altro.

•

Non abbiate timore a chiedere al gestore del locale dove mangiate di solito di servire anche piatti a base di cereali integrali.

indirizzi utili

Di seguito è fornito un elenco di associazioni, enti e siti web ai quali fare riferimento per avere ulteriori informazioni sui cereali integrali: potranno esservi utili se cercate chiarimenti in relazione a specifici problemi di salute, oppure se, più semplicemente, non trovate un determinato tipo di cereale presso il vostro supermercato abituale.

Alimentazione

ADI – Associazione Italiana di Dietetica e Nutrizione Clinica Onlus
Via Sallustio Bandini, 10
00191 Roma
www.adiitalia.com
info@adiitalia.com
L'Associazione è sorta allo scopo di promuovere e sostenere le iniziative scientifiche, culturali e didattiche che possono interessare le scienze dell'alimentazione.

EUFIC Italia
European Food Information Council
Via Benedetto Marcello, 63
20124 Milano
www.eufic.org
euficitalia@eufic.org
Una guida per orientarsi nella scelta di cibi sani e di qualità, in un regime alimentare bilanciato all'insegna di uno stile di vita salutista.

INRAN – Istituto Nazionale di Ricerca per gli Alimenti e la Nutrizione
Via Ardeatina, 546
00178 Roma
www.inran.it
L'Istituto si occupa di coniugare l'attività di ricerca nel campo degli alimenti e della nutrizione con quella di informazione del consumatore.

Ministero della Salute
Piazzale dell'Industria, 20
00144 Roma
Tel. 06 59942378
www.ministerosalute.it
urpminsalute@sanita.it
Sito del Ministero della Salute, con informazioni dettagliate per pazienti e professionisti del settore sanitario.

Società Europea per gli Studi sulla Nutrizione
Via Bazzecca, 4
37126 Verona
www.nutrizioneoggi.info
info@nutrizioneoggi.info
La Società è a disposizione di medici e soggetti interessati alla nutrizione, fornendo consigli per il controllo del peso.

Consigli su dove acquistare cereali integrali

I cereali integrali sono sempre più spesso disponibili presso negozi di alimenti biologici o le botteghe del commercio equosolidale, che propongono cereali integrali provenienti direttamente dalle zone di origine. In alternativa potete rivolgervi a gruppi di acquisto solidale (GAS), che spesso sono in contatto diretto con i produttori di cereali integrali (per trovare il GAS più vicino a voi, cercate sul sito **www.retegas.org***).*

Particolari patologie

AIC – Associazione Italiana Celiachia
Via Picotti, 22
56124 Pisa
Tel. 050 580939
www.celiachia.it
Tra i principali scopi dell'Associazione vi è quello di promuovere l'assistenza ai celiaci e agli affetti da dermatite erpetiforme, offrendo inoltre un sostegno psicologico alle famiglie dei malati.

AIO – Associazione Italiana Obesità
Via Faà di Bruno, 29
00195 Roma
Tel. 06 37517807 o 800 114077 (numero verde)
www.associazioneitalianaobesita.it
info@associazioneitalianaobesita.it
L'Associazione promuove un movimento culturale con l'obiettivo principale di sensibilizzare l'opinione pubblica sul problema dell'obesità.

AIRC – Associazione Italiana per la Ricerca sul Cancro
Via Corridoni, 7
20122 Milano
Tel. 800 350350 (numero verde)
www.airc.it
Associazione senza fini di lucro che promuove la ricerca oncologica in Italia.

FAND – Associazione Italiana Diabetici
Via Dracone, 23
20126 Milano
Tel. 02 2570453
www.fand.it
info@fand.it
Impegnata nella promozione di una corretta informazione in merito al diabete, fornisce un servizio di consulenza telefonica gratuita mirata all'aspetto assistenziale e al sostegno psicologico per soggetti nuovi alla patologia e per i loro familiari.

FDG – Federazione Diabete Giovanile
Via S. Allende, 33
09047 Selargius (Cagliari)
Tel. 070 845457
www.fdgdiabete.it
L'Organizzazione riunisce le associazioni di diverse regioni italiane che si pongono come scopo quello di migliorare le condizioni socio-sanitarie dei bambini e dei giovani con diabete.

Progetto "Cuore in Salute"
www.cuoreinsalute.it
Iniziativa del Centro Salute del Cuore del Policlinico di Monza, dedicata a prevenzione ed educazione riguardo alle principali patologie cardiovascolari.

Siti web di interesse

AIAB – Associazione Italiana per l'Agricoltura Biologica
www.aiab.it
Associazione senza fini di lucro impegnata da oltre 20 anni per la conversione ecologica dell'ambiente rurale.

IFIC – International Food Information Council
www.ific.org
Come "ponte" fra ricerca scientifica e mezzi di comunicazione, fornisce continui aggiornamenti ai professionisti del settore della sicurezza alimentare e della nutrizione (in inglese e spagnolo).

Whole Grain
www.wholegrain.co.uk
Sito web ricco di ricette, consigli pratici e informazioni sui cereali integrali (in inglese).

Whole Grains Coucil
www.wholegrainscouncil.org
Consorzio dedicato alla sensibilizzazione in merito a un maggior consumo di cereali integrali e ai vantaggi che ne derivano per la salute (in inglese).

indice analitico

I numeri di pagina in **neretto** si riferiscono alle sezioni principali; quelle relative ai singoli cereali ne includono descrizione, storia, contenuto nutrizionale, benefici per la salute, tipologia di prodotti reperibili sul mercato e consigli su come cucinarli. I numeri di pagina in *corsivo* si riferiscono alle ricette, riportate come voci secondarie del cereale principale che prevedono.

ringraziamenti

ringraziamenti degli autori

Vogliamo ringraziare lo staff editoriale della DK per averci aiutato a trasformare l'idea di questo libro in una realtà concreta, in particolare Carl Raymond, Anja Schmidt, Shannon Beatty, Helen Murray e Penny Warren. Un ringraziamento anche ai grafici della DK, Vicky Read, Anne Fisher e Marianne Markham.

Ringraziamo inoltre la BBC, la TLC e Discovery Communications per avere scelto la dott.ssa Lisa Hark come conduttrice del programma televisivo "Honey We're Killing the Kids".

Infine, un ringraziamento al nostro agente, Beth Shepard, per l'entusiasmo che ha riversato in questo progetto, per avere creduto in noi, per averci ascoltato, sostenuto e incoraggiato tutte le volte che ne abbiamo avuto bisogno.

crediti fotografici

L'editore desidera ringraziare i seguenti studi fotografici per la gentile autorizzazione a utilizzare le loro fotografie: p. 40, Cephas Picture Library: Dario Fusaro; p. 56, Still Pictures: Sean Sprague; p. 58, Alamy Images: Stefan Auth; p. 59, Arco Images.

Ricerca iconografica: Martin Copeland.

gli autori

La dott.ssa Lisa Hark è una nota nutrizionista con oltre vent'anni di esperienza nella divulgazione e nella consulenza per bambini e adulti. Insegna nutrizione a medici e studenti di medicina e il suo testo *Medical Nutrition and Disease* è stato adottato in diverse facoltà di Medicina negli Stati Uniti e in Gran Bretagna. È co-autrice insieme al dott. Darwin Deen del libro *Mangiare sano*, pubblicato in Italia da Tecniche Nuove.

Il dott. Darwin Deen è medico di base e docente. Insegna medicina per la famiglia, tecniche comportamentali e nutrizione a medici e studenti. Ha formato medici in grado di consigliare misure dietetiche e comportamentali per la cura di diverse malattie. È co-autore insieme alla dott.ssa Lisa Hark del libro *Mangiare sano*, pubblicato in Italia da Tecniche Nuove.

Per un elenco completo degli studi citati in questo libro, visitare il sito web DK all'indirizzo (informazioni in lingua inglese): **www.dk.com/wholegrain**
